英語原典で読む

# マーシャル

『経済学原理』の世界

伊藤宣広

白水社

英語原典で読むマーシャル

『経済学原理』の世界

装画・カット＝佐貫絢郁　　装幀＝コバヤシタケシ　　組版＝鈴木さゆみ

# 目　次

# はしがき

## 経済学古典の英文

　経済学の古典に登場する文章のなかには、一文が長く構造が複雑に入り組んだものがたくさんあります。長い英文を、構文に忠実に日本語に置き換えていくと、煩雑で読みにくい訳文になってしまう可能性があります。というのも、英語という言語では構造上、重要なことが最初に書かれていて、その後で様々な情報を付け足していく、という形になっていることが多いのに対し、日本語では重要なことが最後にくるので、最後まで読まないと言いたいことがわからないからです。長文になればなるほど頭が重くなり、読む側にも大きな負担となります。

　それを解消するために昔からある工夫として、できるだけ前から訳す、意味を損なわない範囲でいくつかの文に区切って訳す、といったことが挙げられます。読みやすさを考えるなら、一文はあまり長すぎない方がよいでしょう。実際、プロが訳している翻訳書を読むと、頭に修飾語が長々と続くような訳文にはあまりお目にかかりません。それは、長い原文があったとしても、読みやすいように適宜、区切ってくれているからです。試しに、お気に入りの訳書を原典と比較対照させながら読んでみてください。い

ろいろな工夫の跡がみられると思います。

　受験英語で求められる英文和訳では、受験者がその英文の構造を正確に理解できていることを採点者に伝える必要があるため、ある程度、逐語的な訳にならざるを得ない部分があります。一方、翻訳の場合、多くの読者は原文など参照せずに、訳文だけを読むため、日本語として自然な表現になっていなければなりません。翻訳家の越前敏弥氏は、『日本人なら必ず悪訳する英文』（ディスカヴァー携書、2011年）という興味深い書物のなかで翻訳について、「原著者が仮に日本語を知っていたら、そう書くに違いないような日本語にすること」と述べていますが、まさに至言といえるでしょう。その文章だけ読んだ人が、日本人の書いた文章なのか翻訳ものなのか区別がつかない、という域にまで達するには相当の修練が必要ですが、そういう心構えはもっておきたいものです。

　専門書を原書で読むのは、非常にハードルが高いと感じている方が多いかもしれません。ただでさえ難しそうな専門書を、ましてや英語で読むだなんて、と。しかし、必ずしもそうとは言い切れない面もあります。確かに、その分野独自の専門用語が登場しますが、それらの知識は日本語で書かれた文献を読む際にも求められるものです。頻出する単語がある程度決まっている分、背景知識さえあれば、小説などに比べてむしろ読みやすいとさえ言えます。見慣れないスラングが使われることもほとんどありませんし、急にシーンが移り変わることもありません。さらに学術書の場合、その本でどのような主張が展開されるのか、その概要が最初に述べられるため、ある程度心の準備をしたうえで読むこと

ができます。起承転結でいう「転」に相当する部分はありません。そういう意味では、慣れてしまえばそこまでおそれる必要はないと思います。

---

## 英文解釈の学習法

　英語の学習法といってもたくさんありますし、詳細は専門家に委ねたいと思いますが、ここでは英文解釈および翻訳という観点から、自身の体験に照らして大切だと日頃感じていることを書いておきたいと思います。一つは、翻訳には外国語よりも母国語のセンスが大事だということ、いま一つは、その学習に「形」の模倣から入るのが有効だということです。

　しばしば言われることですが、翻訳において重要なのは、英語力よりも日本語のセンスであるように思います。そしてそれは、読書量を積み重ねることによってのみ培われるものだと考えています。もちろん、構文を正確に把握できる最低限の英語力は必要ですが、英語力があることと、翻訳ができることは、必ずしもイコールではありません。訳してみたときに、構文は合っているはずだけれども、「なんかこの文章は日本語として不自然だな」と違和感を覚えた場合、その感覚を大事にしたいものです。それが上達への第一歩になります。

　将棋や囲碁の上達法に、棋譜並べというものがあります。プロの対局をなぞり、追体験することで、自然な手の流れが身につき、筋がよくなる効果が期待できる学習法です。一手ずつ進めるたびに、次に自分ならどこに指す（打つ）だろう、と考えながら、実

際の着手と比較してみるのです。その手にどんな意味、狙いがあるのか、相応の棋力がなければ理解できないこともあります。しかし、たくさんこなしていくうちに、こういうときはこうするものだ、という「形」が見えてきます。翻訳も同じで、こういう文章はこのように訳すとうまくいく、という「形」があります。

　私が曲がりなりにも英語を読めるようになってきたのは高校生のときでした。主にどんな勉強をしていたかというと、伊藤和夫『英文解釈教室』など定評ある参考書で読み方を学んだ後、ひたすら大量の英文とその日本語訳を対照させて読む、という作業を繰り返しました（私が受験した京都大学の二次試験の英語は、和訳と英作文のみという極端な出題形式だったという理由もありました）。受験英語では、長文の読解が苦手な受験生が多いといわれます。もちろん、単語の知識や文法・構文の習熟も大切です（というよりも大前提です。正確に文章の構造を把握できずになんとなくそれっぽい訳語をあてるのは、その場しのぎのごまかしでしかありません）が、それだけではなかなか長文が読めるようにはなりません。とにかくたくさんの英文に触れることは読解力を高めるうえで有効ですし、さらに優れた訳文と対照させることで、どのように訳せばよいのか、コツがわかってきます。文法や構文が手筋だとすれば、翻訳家の訳文は棋士の棋譜に相当するといえるかもしれません。こういう構文のときにはこのような訳し方をすればよい、という体験を地道に積み上げていけば、間違いなく実力は向上していきます。棋譜並べにしても、翻訳にしても、うまい人の「形」の模倣から入る、というのはいろいろな道に共通する重要な上達法といえるのではないかと思います。

## なぜ今、マーシャルを読むのか？

　アルフレッド・マーシャル（1842～1924）という経済学者がいます。個人的には経済学の歴史上、5本の指に入るくらい重要な経済学者だと考えていますが、アダム・スミスやマルクスやケインズと違って、高校の社会科の教科書には名前が登場しないせいか、大学で経済学を学んだ人以外にはあまり知られていません。しかし、マーシャルの名前は知らない人であっても、マーシャルがやったことについては実はほとんどの人が知っているのです。説明されると、「ああ、あれのことだったのか」と感じるはずです。

　残念なことに、高校教育の場や、大学の初等教育ですら、「アダム・スミスの神の見えざる手＝需要と供給による市場メカニズム」といった間違った知識が教えられているのが現状です。大学生に、「アダム・スミスの『国富論』には需要曲線や供給曲線はおろか、そもそもグラフなんてひとつも登場しないんだよ」と言うと、皆、驚いた顔をします。高校までに習ってきたことはなんだったのか、と（さらに言うと、「アダム・スミス＝見えざる手」というイメージも、後世になってからつくられたものですが、これについてはひとまずおいておきましょう）。そして誰もが経済学といえば真っ先にイメージする、需要曲線と供給曲線がクロスする図は、マーシャルによってつくりだされたものなのです。

　また、現代の標準的な経済学では、市場はうまく機能すれば効率的な資源配分をもたらすと考えますが、情報が不完全であるケースなど、そのままではうまく機能しない場合があることもわ

かっています。ですので、とにかく何でも市場に任せれば「見えざる手」が働いて万事うまくいくというほど単純な話ではないのです。いわゆる「市場の失敗」に関連する情報の不完全性や外部性といった考え方も、このマーシャルによって掘り下げられ考案されました。

　もちろん、近代経済学のすべてをマーシャル一人でつくりあげたわけではありませんが、マーシャルがいなければ現在のミクロ経済学もマクロ経済学もなかった、といえるほどには重要な人物だったといえるでしょう。

　マーシャルが活躍した19世紀末から20世紀初頭にかけては、経済学の研究が飛躍的に前進を遂げた時期にあたります。その時代にあって、マーシャルは経済学の世界に帝王として君臨しており、世界の経済学研究の最先端であったケンブリッジ大学では「すべてはマーシャルにある」とまで言われていました。弟子のケインズなどは、マーシャルの『経済学原理』さえ読めば、他の経済学の本は読む必要がないとまで言っていたくらいです。これ一冊に必要なことすべてが詰まっている、というわけです（もっとも、マーシャルはこの『原理』をシリーズものの第1巻と位置づけていたため、貨幣や金融、政府の役割など、続刊に委ねられる予定であったテーマについてはあまり書かれていません）。

　数々の重要概念を考案したことに加え、マーシャルの優れている点の一つは、そのバランス感覚です。理論研究と事実の研究の関係はいかにあるべきか、現実に寄り沿う経済学のあり方を考えるうえで、マーシャルは重要な手掛かりを与えてくれます。20世紀においては、経済学者が「理論のための理論」、浮世離れし

た抽象理論の彫琢に邁進した時期がありました（誤解のないように言っておくと、純粋理論の観点からするとこうした研究には大きな価値があり、その重要性を否定するつもりはありません）。その反動として、合理的経済人を仮定する「主流派」に対して、人間の合理性に限界があるということが、あたかも「新発見」のように主張された時代がありました。これは、経済学を専門としない人からみれば、何を当たり前のことを、と滑稽に映るかもしれません。ほどほどに合理的だけれども、感情に流されてときに不合理な行動をとってしまうこともある、また、自分や家族を一番に考えるけれども、多少の博愛心もなくはない、そんな等身大の人間を描いたマーシャルは、21世紀において輝きを増しているようにみえます。

　マーシャルは自分の主張を端的にまとめることをあまりしなかったため、少々わかりにくいのですが、『経済学原理』を丁寧に読むと、核となる主張がみえてきます。マーシャルが経済学を志した動機は、社会改良のために役立ちたいというものでした。貧困の原因は、低賃金にありました。なぜ労働者の賃金が低いままかといえば、多くの労働者は教育がなく生産性が低いからです。であれば、何にもましてやるべきことは、生産性の向上、そのための教育への投資ということになります。マーシャルは、最も重要な投資は教育に対する投資であると随所で強調しています。21世紀においてもこの主張の妥当性は変わりません。少子高齢化等、現代の日本を取り巻く社会問題も、根本をたどれば、人々が十分な所得を得られず、将来に明るい展望をもてないところにあります。

　私が大学で教えるようになって15年ほど経ちますが、受講生

から寄せられる感想として、「経済学は、いかに効率よくお金を稼ぐかを考えるドライな学問という印象をもっていたが、マーシャルの考え方を知ってイメージが変わった」、「世の中を良くしようと経済学研究を志した人がいたとわかって嬉しい」といった声が少なくありません。マーシャルは「冷静な頭脳と温かい心 cool heads but warm hearts」をもって、社会改良のために経済学に取り組むことを学生に訴えました。

　本書では、マーシャルの『経済学原理』のなかでも重要な内容が書かれているパラグラフをとりあげ、試訳を付すとともに、解説をつけました。訳文をつくる際に、どういう経緯で、どんなことを考えてその言葉を選ぶに至ったのか、そこの思考プロセスをできるだけ記載することにしました。本書を通じて、マーシャルの考え方の一端に、その味わい深い英文とともに触れていただければと思います。

# 第1章

## 『経済学原理』　初版
## 序文

Economic conditions are constantly changing, and each generation looks at its own problems in its own way. In England, as well as on the Continent and in America, Economic studies are being more vigorously pursued now than ever before; but all this activity has only shown the more clearly that Economic science is, and must be, one of slow and continuous growth. Some of the best work of the present generation has indeed appeared at first sight to be antagonistic to that of earlier writers; but when it has had time to settle down into its proper place, and its rough edges have been worn away, it has been found to involve no real breach of continuity in the development of the science. The new doctrines have supplemented the older, have extended, developed, and sometimes corrected them, and often have given them a different tone by a new distribution of emphasis; but very seldom have subverted them.

「経済状態はたえず変化している。どの世代も、それぞれの問題を独自のやり方で考える。イングランドにおいても、ヨーロッパ大陸やアメリカと同様に、今日では経済問題の研究はかつてなかったほど活発に行われている。この研究活

動によってますます明らかになっていることは、経済科学は、ゆっくりとかつ持続的に発展する科学の一つであり、またそうでなければならないということである。確かに、現世代の最良の業績のなかには、一見すると、従来の研究と相容れないように見えるものもある。しかし、それらも適切な位置づけが行われ、粗い角が取り除かれてみると、この科学の発展における連続性を損なうものではないことがわかる。新しい学説は古い学説を補足し、拡張し、発展させ、ときには修正する。強調点を変えることで異なる基調を与えることもあるが、古い学説を覆すようなことはめったにない。」

　これは『経済学原理』初版（1890年）の序文の冒頭のパラグラフです。マーシャルが『経済学原理』という経済学の体系書を書くにあたって、最初に述べたことは、従来の研究との関係です。現在でも、学術論文や研究書を書く際には、まず先行研究を整理したうえで、自分がそれに対して何を付け加えるのか、どんな貢献をしたのかを明らかにする必要があります。その場合、ともすると、自分の手柄をアピールしたいがために、先人の研究との違いをことさらに強調するという誘惑に駆られることもあるでしょう。しかしマーシャルの態度はそれとは逆で、奥ゆかしいものです。実際にはマーシャルは独創的な貢献をたくさんしているのですが、真新しい考えなどそうそうあるものではないとして、過去との連続性を強調しています。この本の扉には *Natura non facit saltum* というラテン語が小さく記されています。これは**自然は飛躍せず**という意味で、マーシャルの経済学全体を貫く基調といえ

ます。

..... it is held that the Laws of Economics are statements of
tendencies expressed in the indicative mood, and not ethical
precepts in the imperative. Economic laws and reasonings in
fact are merely a part of the material which Conscience and
Common-sense have to turn to account in solving practical
problems, and in laying down rules which may be a guide in
life.

But ethical forces are among those of which the economist
has to take account. Attempts have indeed been made to
construct an abstract science with regard to the actions of
an "economic man," who is under no ethical influences and
who pursues pecuniary gain warily and energetically, but
mechanically and selfishly. But they have not been successful,
nor even thoroughly carried out. For they have never really
treated the economic mans as perfectly selfish: no one could be
relied on better to endure toil and sacrifice with the unselfish
desire to make provision for his family; and his normal
motives have always been tacitly assumed to include the family
affections.

　「経済学の法則は、直接法で表された傾向を叙述したもので
あって、命令法で表された倫理的な教訓ではない。経済学の
法則や推論は、良心と常識に則って実際問題を解決し、人生

の道しるべとなる規則を定める際に、活用すべき材料の一部にすぎない。

　しかし経済学者は倫理的な力も考慮しなければならない。これまで「経済人」の行動に関する抽象的な科学を構築しようとする試みがなされてきた。経済人というのは、いかなる倫理的な影響も受けず、金銭上の利益を慎重かつ精力的に、しかし機械的かつ利己的に追求する存在である。しかしそのような試みはうまくいかなかったし、徹底的に行われたこともなかった。というのも、そうした試みも経済人を完全に利己的な存在としては扱わなかったからである。人間は、家族のために生活の糧を用意するという非利己的な願望による場合が一番、苦しい仕事や犠牲に耐えられるものである。また、人間の正常な動機のなかには家族愛が含まれると暗黙のうちに想定されてきた。」

　現代でも経済学の教育はいわゆる**合理的経済人**モデルから出発しますが、このエコノミック・マン、すなわち自身の効用や利益だけを最大限追求する合理的な経済主体、という人間把握に対しては昔から様々な批判があります。いわく、人間は必ずしもそのような損得勘定だけで動くものではない、と。古典派経済学や新古典派経済学はこのような人間類型を想定してきたとして批判されることがありますが、マーシャルの文章を読めば、それが必ずしも当たらないことがわかります。本書でこれから明らかにされていくように、マーシャルはもう少し複雑な人間像を想定していました。近年では合理的経済人モデルに反省を迫る行動経済学な

どの分野が注目されるようになっていますが、その知見に照らしても、マーシャルの評価は上がることこそあれ、下がることはないでしょう。

　　And as there is no sharp line of division between conduct which is normal, and that which has to be provisionally neglected as abnormal, so there is none between normal values and "current" or "market" or "occasional" values. The latter are those values in which the accidents of the moment exert a preponderating influence; while normal values are those which would be ultimately attained, if the economic conditions under view had time to work out undisturbed their full effect. But there is no impassable gulf between these two; they shade into one another by continuous gradations. …… For the element of Time, which is the centre of the chief difficulty of almost every economic problem, is itself absolutely continuous: Nature knows no absolute partition of time into long periods and short; but the two shade into one another by imperceptible gradations, and what is a short period for one problem, is a long period for another.

　「また、正常な行為と、異常なものとしてひとまず無視されるべき行為とのあいだに明確な境界線が存在しないように、正常価値と、「現在」価値ないし「市場」価値あるいは「一時的」価値とのあいだにも、そのような境界線は存在しない。

後者は、さしあたりの偶然が大きく影響している価値である。一方、正常価値は、いまの経済状況が撹乱されずにその効果を十分に発揮し尽くしたなら究極的に達成されるであろう価値である。しかし両者のあいだに越えられない溝があるわけではない。漸次的な色彩の変化のように、一方から他方にかけて、溶け合うように変遷する。……時間の要素は、ほぼすべての経済問題にまつわる困難の中心にあるが、それ自体は完全に連続的なものである。本来、長期と短期という時間の絶対的区分など存在しない。両者は知覚できない色彩の変化のように溶け合っている。ある問題に関しては短期であることが、別の問題に関しては長期となることがある。」

ここで対比されている二つの価値は、「正常」な価値と、正常でない価値です。これは『原理』(第8版)の第5編で詳しく展開されるマーシャルの価値論を先取りして説明している箇所です。「正常」の定義一つとってみても、その境界線はそれほどはっきりしているわけではありません。冒頭で連続性を強調したことと関連しますが、マーシャルは、ある概念と別の概念とのあいだにはっきりと境界線が引けないケースを随所で指摘しています。Nature knows no 以下は、「自然は……知らない」とそのまま訳すのではなく、長期や短期という概念が生来存在するものではなく、あくまで人為的に定められたものであるというニュアンスを汲んで、「本来、……など存在しない」といった具合に表現を工夫したいところです。

Another application of the Principle of Continuity is to the use of terms. There has always been a temptation to classify economic goods in clearly defined groups, about which a number of short and sharp propositions could be made, to gratify at once the student's desire for logical precision, and the popular liking for dogmas that have the air of being profound and are yet easily handled. But great mischief seems to have been done by yielding to this temptation, and drawing broad artificial lines of division where Nature has made none. The more simple and absolute an economic doctrine is, the greater will be the confusion which it brings into attempts to apply economic doctrines to practice, if the dividing lines to which it refers cannot be found in real life. There is not in real life a clear line of division between things that are and are not Capital, or that are and are not Necessaries, or again between labour that is and is not Productive.

「連続性の原理のいま一つの適用例は、用語の使用に関するものである。経済財を、いくつかの簡潔ではっきりした命題をたてることのできる明確に定義されたグループに分類したくなる誘惑は、これまでもつねにあった。研究者は論理的な正確さを求め、一般人は深遠な雰囲気があって扱いやすい教義を求めるが、この両者を同時に満足させようという誘惑である。しかし、この誘惑に屈し、自然には存在しないような境界線を人為的に引くことによって、重大な弊害がもたら

されてきたように思われる。実生活でそのような境界線がみつからない場合、経済学説が単純で絶対的であればあるほど、経済学説を現実に適用しようと試みる際の混乱は大きくなるだろう。現実には資本とそうでないもの、必需品とそうでないもの、生産的労働と不生産的労働とのあいだに明確な境界線は存在しない。」

　二つめの文章はかなりの長文です。文章の骨格だけみると「誘惑が存在してきた」ということなのですが、その誘惑とはどのようなものであるのかが、続けて詳しく述べられます。構文に即して後ろから前へと直訳すると、「論理的な正確さを求める研究者の願望と、深遠な雰囲気があって扱いやすい教義に対する一般人の嗜好を同時に満足させるために、いくつかの簡潔ではっきりした命題をたてることのできる明確に定義されたグループに経済財を分類することに対する誘惑はつねに存在してきた」という具合になります。もちろん、これでも間違いというわけではありませんが、文頭の修飾表現が非常に重く、なんとも読みにくい文章になっています。私たちが同じ内容を日本語で書くとしたら、おそらくこんな書き方はしないでしょう。試訳では、訳文を多少なりとも読みやすくするため、to gratify 以下を区切って訳してみました。文中、to classify と to gratify の関係が気になるところです。並列なのか、後者が前にかかっているのか、それとも言い直しなのか。これらは temptation の内容を表すものですが、a temptation と単数形になっていますし、次の文でも this temptation という表現がでてきますので、誘惑が二つあるのはお

かしい。とすると、並列ではなさそうです。誘惑はあくまで一つ
で、それが言い換えになっていると考えられます。

　このパラグラフの内容は、各種概念を定義しようとする場合の
困難について述べています。現実にはグレーゾーンがあって白黒
はっきりさせることの難しい領域がたくさんある、という指摘で
す。

Under the guidance of Cournot, and in a less degree of
von Thünen, I was led to attach great importance to the
fact that our observations of nature, in the moral as in the
physical world, relate not so much to aggregate quantities, as
to increments of quantities, and that in particular the demand
for a thing is a continuous function, of which the "marginal"
increment is, in a stable equilibrium, balanced against the
corresponding increment of its cost of production. It is not easy
to get a clear full view of continuity in this aspect without the
aid either of mathematical symbols or of diagrams. The use of
the latter requires no special knowledge, and they often express
the conditions of economic life more accurately, as well as more
easily, than do mathematical symbols;

　「私はクールノーの導きによって、またそれより程度は少し
　劣るがフォン・チューネンの導きによって、以下の事実が非
　常に重要だと考えるようになった。すなわち、観察からわか
　るのは、〔生産のような〕物質面においても〔需要のような〕主

観的側面においても、集計量よりも量の増分が大事だという事実、そしてとりわけ財に対する需要は連続的な関数であり、安定均衡のもとではその「限界的な」増分がその生産費の限界的増分と釣り合っているという事実である。この点に関して、数学の記号ないしは図表の助けを借りないと、連続性の全体像をはっきりと捉えるのは容易ではない。図表を利用するのに専門知識は必要ではないし、図表はしばしば数学の記号よりも容易かつ正確に経済生活の状態を表現できる。」

　この文章もやや長いため、the fact の前後で区切って訳しました。the fact 以下の節はこの the fact の内容を説明している箇所です。直訳すると「我々の自然観察は……と結びついている」となりますが、「観察からわかるのは……」としてみました。

　physical world 物質世界、moral world 精神世界という表現は何を指しているかがわかりにくく、工夫が必要です。physical world という表現を辞書で引くと、「物質界」「物質的世界」といった訳語がみつかりますが、ここでは物理学の話をしているわけではありません。moral world という表現は辞書にも見当たりません。どちらの表現も、限界原理の適用範囲について、増分に注目することが大切だという文脈で登場します。すると、物質世界というのは、生産要素を追加投入するにつれて、その追加単位あたりの生産性は逓減していくという物理的な側面に注目するケースを念頭に置いていると考えられます。精神世界というのは、個々の財を消費する際、その追加的な1単位の消費から得られる限界効用が逓減していくという、個人の主観的満足度に注目する

ケースでしょう。いってみれば、物質世界は客観的な生産・供給に関すること、精神世界は主観的な需要に関することと解釈できます。「物質世界においても精神世界においても」と素直に訳しても間違いということはありませんが、試訳では少し言葉を補った表現にしてみました。思い切って「供給面においても需要面においても」と意訳をしてみるのも一つの案かと思います。ただ、あまりやりすぎると元の表記からは大きくかけ離れてしまいますので、意訳を試みる際には、本当にそこまで踏み込む必要があるか、慎重に判断する必要があります。

The chief use of pure mathematics in economic questions seems to be in helping a person to write down quickly, shortly and exactly, some of his thoughts for his own use: and to make sure that he has enough, and only enough, premises for his conclusions. ...... But when a great many symbols have to be used, they become very laborious to any one but the writer himself.

「経済問題における純粋数学の主な用途は、自分の思想の一部を自身のために迅速かつ簡潔に、そして正確に記録するのを助けること、そして、結論に到達するのに十分な、ちょうど十分なだけの前提があるかどうかを確認することにあるように思われる。……しかし非常にたくさんの記号を用いなければならないような場合には、著者以外の人間には読むのが大変骨の折れるものとなる。」

この時代は、経済学に数学を用いるというアプローチが少しずつでてきた時代でした。クールノーという偉大な先駆者を別とすれば、ジェヴォンズやワルラスなどがその代表例です。これは経済分析にいわゆる限界原理が用いられるようになった時期と符合しています。限界概念を用いたアプローチは数学の微分法と非常に相性がよいのです。

マーシャルはもともと数学科の出身者で、数学の才能にも恵まれていましたが、経済学に数学を適用することには慎重な姿勢をみせていました。そして本文では基本的に数学は使わず、図表による説明を好みました。数学は巻末に「数学付録」という形でまとめられています。数理的思考を内に秘めながらも、数学的表現をあまり表には出さないというスタイルは、弟子のケインズなどにも継承されていきます。

# 第 2 章

## 『経済学原理』 第 8 版

### 序文

ここまでは『原理』初版の序文の文章を検討してきましたが、ここからは、マーシャルの生前最後の版である第8版（1920年）の序文をみていきましょう。

Economic evolution is gradual. Its progress is sometimes arrested or reversed by political catastrophes: but its forward movements are never sudden; for even in the Western world and in Japan it is based on habit, partly conscious, partly unconscious. And though an inventor, or an organizer, or a financier of genius may seem to have modified the economic structure of a people almost at a stroke; yet that part of his influence, which has not been merely superficial and transitory, is found on inquiry to have done little more than bring to a head a broad constructive movement which had long been in preparation. Those manifestations of nature which occur most frequently, and are so orderly that they can be closely watched and narrowly studied, are the basis of economic as of most other scientific work; while those which are spasmodic, infrequent, and difficult of observation, are commonly reserved for special examination at a later stage: and the motto *Natura non facit saltum* is specially appropriate to a volume on Economic Foundations.

「経済発展は漸進的である。その進歩はときには政治的な破局によって停止あるいは逆転させられることもある。しかしその前進的な動きは決して突発的に起こるものではない。というのは、西欧諸国や日本においてさえも、それはなかば意識的でなかば無意識的な習慣に基づいているからである。天賦の才に恵まれた一人の発明家、組織者、あるいは投資家が経済構造をほとんど一挙に変更してきたように見えることがあるかもしれない。しかしその影響のうち、単に表面的で一時的なものを除けば、よく調べてみると、長い時間をかけて準備されてきた広範で建設的な動きを後押ししたにすぎないことがわかる。自然の兆候は、非常に頻繁に発生し、かつ規則性があるため、注意深く観察し綿密に研究することができる。それらは、他のほとんどの科学的な研究と同様、経済学にとっても基礎となる。他方、突発的でたまにしか起こらず、観察が困難なものは、通例、のちの段階での特殊な研究に委ねられる。「自然は飛躍せず」という題辞は、経済学の基礎を扱う巻には特にふさわしいものである。」

　第8版の序文でもやはり、ものごとの連続性を強調しています。後半部分の記述は『原理』第5版（1907年）の序文から登場

しています。マーシャルの方法論がはっきりと表明されている文章です。この一冊でマーシャルの研究のすべてが網羅されているというわけではなく、あくまで Economic Foundations を扱う第1巻であると位置づけられていることに注目してください。

The Mecca of the economist lies in economic biology rather than in economic dynamics. But biological conceptions are more complex than those of mechanics; a volume of Foundations must therefore give a relatively large place to mechanical analogies; and frequent use is made of the term "equilibrium," which suggests something of statical analogy. This fact, combined with the predominant attention paid in the present volume to the normal conditions of life in the modern age, has suggested the notion that its central idea is "statical," rather than "dynamical." But in fact it is concerned throughout with the forces that cause movement: and its key-note is that of dynamics, rather than statics.

「経済学者のメッカは、経済動学というよりはむしろ経済生物学である。しかし生物学的思考は力学的思考よりも複雑であり、基礎を扱う巻では、力学的類推に比較的大きな場所を与えなければならない。そして「均衡」という言葉を頻繁に用いるが、これは静学的類推を想起させてしまうかもしれない。加えて、本巻では現代の生活における正常な状態を主に扱っているという事実もあって、本書の中心思想は「動

学」であるよりは「静学的」であるという印象をもたれやす
い。しかし実際には、本書は全体を通して運動をひき起こす
諸力を扱っており、その基調は静学的であるよりは動学的で
ある。」

　こちらもマーシャルの方法論が表明されている有名なパラグ
ラフで、よく引用される箇所です。マーシャルは 1898 年の論文
「分配と交換」で経済学における力学的類推と生物学的類推の関
係について詳しく論じましたが、その議論の一部が『原理』の後
続の版にも取り入れられています。

　The forces to be dealt with are however so numerous, that
it is best to take a few at a time; and to work out a number of
partial solutions as auxiliaries to our main study. Thus we begin
by isolating the primary relations of supply, demand and price
in regard to a particular commodity. We reduce to inaction all
other forces by the phrase "other things being equal": we do
not suppose that they are inert, but for the time we ignore their
activity. ……

　In the second stage more forces are released from the
hypothetical slumber that had been imposed on them: changes
in the conditions of demand for and supply of particular
groups of commodities come into play; and their complex
mutual interactions begin to be observed. Gradually the area
of the dynamical problem becomes larger; the area covered by

provisional statical assumptions becomes smaller; and at last is reached the great central problem of the Distribution of the National Dividend among a vast number of different agents of production. ……

The main concern of economics is thus with human beings who are impelled, for good and evil, to change and progress. Fragmentary statical hypotheses are used as temporary auxiliaries to dynamical — or rather biological — conceptions: but the central idea of economics, even when its Foundations alone are under discussion, must be that of living force and movement.

「しかしながら、取り上げるべき力は無数にあるため、一度に取り上げるのは少数にしておき、我々の中心的な研究に対する補助となるような部分的解決をたくさん生み出していくのが最善である。まずは、ある特定の商品に関する供給、需要および価格の直接的な関係だけを取り出すところから始める。それ以外のあらゆる力は「他の事情が等しいならば」という句によって、作用しないものとする。それらの力が作用していないと考えているわけではないが、当面のあいだ、それらの活動を無視するのである。……

　第二段階では、仮定によって停止状態にされていたより多くの力が解き放たれる。特定のグループの商品の需要・供給の状態が変化する。そしてそれらの複雑な相互作用が観察されはじめる。次第に動学的問題の領域が拡大し、暫定的に静

学的な仮定をおいていた領域は縮小していく。そしてついには膨大な数の生産要素のあいだでの国民分配分の分配という中心的な大問題にたどり着く。……

　したがって、経済学の主な関心は、良くも悪くも、変化と進歩に駆り立てられる人間にある。断片的で静学的な仮説は、動学的な——あるいはむしろ生物学的な——概念に対する一時的な補助手段として用いられる。しかし経済学の中心的な観念は、たとえ基礎だけを論じる場合であっても、生きている力と運動の概念でなければならない。」


　ここでは**部分均衡分析**といわれるマーシャルのアプローチが説明されています。複雑な現実をそのまま分析することは困難であるため、問題をいくつかの部分に切り分け、少しずつ接近していくという漸進的なアプローチがとられます。

　後半に**国民分配分** National Dividend という言葉がでてきます。これは現在でいうところの**国民所得** National Income のことです。マーシャルが経済学の「中心的な大問題 great central problem」と考える「国民分配分の分配」とは、貧困問題に関わるものです。マーシャルは社会改良を経済学研究の目的と考えていました。貧困の解消はとりわけ大きな問題であり、マーシャルが開発した様々な分析装置は、こうした問題に取り組むための手段といってよいでしょう。

# 第 3 章

## 『経済学原理』 第 1 編
## 予備的考察

Political Economy or Economics is a study of mankind in the ordinary business of life; it examines that part of individual and social action which is most closely connected with the attainment and with the use of the material requisites of wellbeing.

Thus it is on the one side a study of wealth; and on the other, and more important side, a part of the study of man. For man's character has been moulded by his every-day work, and the material resources which he thereby procures, more than by any other influence unless it be that of his religious ideals; and the two great forming agencies of the world's history have been the religious and the economic. (p.1)

「経済学は日々の営みに関する人間の研究である。それが研究対象とするのは個人的、社会的行為のうち、幸福の物質的要素の獲得と利用に最も密接に結びついた部分である。

　したがって経済学は一面においては富の研究であるが、他方、より重要な側面においては人間の研究の一部である。というのは、宗教上の理想を別とすると、人間の性格は他の何にもまして、日々の仕事とそこから得られる物質的報酬に

よって形作られてきたところが大きいからである。世界史を
形成してきた二大要因は宗教と経済であった。」

『原理』第 8 版の本編（第 1 編第 1 章）冒頭の文章です。最初に
Political Economy と Economics が併記されていますが、これは
「政治経済学または経済学」と、異なる 2 つのものが並んでいる
わけではありません。マーシャル以前の古典派経済学の時代には、
経済学のことを Political Economy と呼んでいましたので、これ
を「政治経済学」と訳すのは、少々問題です。両者はいずれも同
じ経済学のことを念頭においていて、かつては経済学が Political
Economy と呼ばれていたけれども、本書では Economics と呼ぶ
ことにしよう、という意思表明です（なお、この経緯については根
井雅弘『英語原典で読む現代経済学』pp.54-55 にマーシャルによる説明
の原文と解説があります）。したがって、ここでは両方まとめて単
に「経済学」とだけ訳すのが自然でしょう。ただその場合は、あ
えて意図的に言い直しているという原文のニュアンスが消えてし
まいますが、そこをつぶさに補って訳文をつくろうという場合は、
工夫が必要でしょう。

ordinary business of life というのも訳しにくい表現です。ここ
での business は、日本語として定着している「ビジネス」よりは
もう少し広い意味で用いられています。試訳では「日々の営み」
としてみました。

material requisites of wellbeing は「幸福の物質的要素」と訳し
ました。幸福には様々な側面がありますが、ここでは（感情など
の精神的なものではなく）衣食住のような生活必需品の充足度合い

40

を念頭に置いていると考えられます。

And very often the influence exerted on a person's character by the amount of his income is hardly less, if it is less, than that exerted by the way in which it is earned. It may make little difference to the fulness of life of a family whether its yearly income is £1000 or £5000; but it makes a very great difference whether the income is £30 or £150: for with £150 the family has, with £30 it has not, the material conditions of a complete life. (p.2)

「所得を獲得する方法が人間の性格に及ぼす影響は重要である。それに比べて、所得の大きさの影響も、同じではないにしても、ほぼそれに匹敵するほど重要であることが非常に多い。家族生活の充実にとって、年間の所得が1000ポンドであるか5000ポンドであるかはほとんど差がないかもしれない。しかし30ポンドであるか150ポンドであるかは、非常に大きな差である。なぜなら、150ポンドあれば十分な暮らしができるが、30ポンドではそれができないからである。」

最初の文章は、そのまま訳すと「所得の大きさの影響が人間の性格に及ぼす影響は、所得を獲得する方法が及ぼす影響に比べて、同じではないにしても、ほとんどそれに匹敵するほどであることが非常に多い」となります。ただ、このままではあまり読みやすいとはいえないため、順番を入れ替えたうえで分割して訳してみ

ました。所得の多寡に関する記述が以下に続きます。

　当時の英ポンドの価値が現在の日本円に換算してどれくらいかを計算するのはなかなか難しいところですが、ごく大雑把に見積もって、仮に1ポンド＝3万円前後であるとしてみましょう。現在の日本の感覚でいっても、年収100万円前後では世帯をもって家族生活を営んでいくのは経済的に困難ですが、年収500万円あれば贅沢をしなければ暮らしていくことができます。この差は非常に大きなものです。しかし年収数千万円といった水準になると、そこからさらに数倍になったところで、普通の暮らしをするという観点からは、あまり違いが感じられないのかもしれません。これは貨幣の限界効用が逓減するという指摘です。実際、人の幸福度と所得との関係について、ある水準までは所得が増えるにつれて幸福度が高まるものの、所得が一定水準を超えると、それ以上の所得は幸福度の増大にはさほど寄与しないという研究結果もあります。カーネマンらの2010年の研究では、その水準は年収75000ドル程度とされています。

　material conditions of a complete life の部分は直訳すると「完全な生活の物質的条件」となりますが、このままではなんともぎこちない日本語です。完全な生活というのは、この文脈でいうと、欠乏のない満ち足りた生活ということでしょう。そして何の欠乏かというと、material ですが、これは精神面と対比した物質面という意味で、主に経済的、金銭的な条件を想定していると考えられます。この条件を満たせば金銭的に困窮しない、ということで、ここでは「150ポンドあれば十分な暮らしができる」と訳してみました。

なお、£という表現は英ポンドのことを指しますが、これは由来をたどれば古代ローマで用いられたリーブルにさかのぼります。かつてはポンド、シリング、ペニー（ペンス）を表すのにそれぞれリーブル (*l*)、ソリドゥス (*s*)、デナリウス (*d*) が用いられました。その名残で、現在でも英国の通貨ポンドを表すのに£が用いられているのです。

> If competition is contrasted with energetic co-operation in unselfish work for the public good, then even the best forms of competition are relatively evil; while its harsher and meaner forms are hateful. And in a world in which all men were perfectly virtuous, competition would be out of place; ……
>
> History in general, and especially the history of socialistic ventures, shows that ordinary men are seldom capable of pure ideal altruism for any considerable time together; and that the exceptions are to be found only when the masterful fervour of a small band of religious enthusiasts makes material concerns to count for nothing in comparison with the higher faith.
>
> No doubt men, even now, are capable of much more unselfish service than they generally render: and the supreme aim of the economist is to discover how this latent social asset can be developed most quickly, and turned to account most wisely. But he must not decry competition in general, without analysis: he is bound to retain a neutral attitude towards any particular manifestation of it until he is sure that, human nature

being what it is, the restraint of competition would not be more anti-social in its working than the competition itself.

We may conclude then that the term "competition" is not well suited to describe the special characteristics of industrial life in the modern age. (pp.8-9)

「公共の福祉のための無私の仕事において精力的に行われる協同と比べると、競争は、その最善の形態であっても比較的有害なものである。ましてや過酷で卑劣な競争は憎むべきものである。住人だれもが完全に高潔な人ばかりであるような世界においては、競争は場違いなものである。……

歴史一般、とりわけ社会主義の冒険的試みの歴史が示しているのは、普通の人間が純粋に理想的な博愛的行為をかなり長期間にわたって続けることはほとんど不可能だということである。例外があるとすれば、宗教的熱狂に駆られた小集団が、心からの熱意によって、彼らのより高次の信仰に比べれば物質的利害など些細なことだとしか思わない場合くらいである。

疑いもなく、人間はいまもなお、日頃行っているよりもはるかに多くの無私の奉仕を行うことができる。そして経済学者の究極の目標は、いかにしてそのような潜在的な社会的資産を急速に開発し、賢明に活用しうるかを発見することである。しかし経済学者は分析をせずに競争一般を非難してはならない。彼は、人間性が現状のままであるとして、競争を制限することが競争自体よりも反社会的でないと確信できるま

で、特定の立場の表明に対して中立的な態度をとるべきである。

　それゆえ、「競争」という言葉は現代の産業社会の特徴を表すのに必ずしもふさわしいものではないと結論してもよいであろう。」

　マーシャルは自由貿易主義者で、基本的には市場経済における競争を是とする立場の経済学者ですが、その競争観は単純ではありません。競争にも様々な形態があることを示唆しつつ、自由に競争さえすればすべてがうまくいくといった楽天主義をとることはありませんでした。競争には欠陥も多いけれども、現状で存在するもののなかでは、まだましなものだという消極的支持の立場といっていいでしょう。これは、情報の経済学などの発展により、「市場の失敗」の分析がより充実してきた現代においても、多くの経済学者に支持される態度であると思われます。

　ケインズは有名な「自由放任の終焉」という講演のなかで、マーシャルが私的利益と社会的利益とが必ずしも調和しないような事例の解明に力を注いでいた旨を指摘しています（『ケインズ全集 第9巻 説得論集』p.282、邦訳 p.337）。

And yet the time at which free enterprise was showing itself in an unnaturally harsh form, was the very time in which economists were most lavish in their praises of it. This was partly because they saw clearly, what we of this generation have in a great measure forgotten, the cruelty of the yoke of custom and rigid ordinance which it had displaced; and partly because the general tendency of Englishmen at the time was to hold that freedom in all matters, political and social, was worth having at every cost except the loss of security. But partly also it was that the productive forces which free enterprise was giving to the nation, were the only means by which it could offer a successful resistance to Napoleon. Economists therefore treated free enterprise not indeed as an unmixed good, but as a less evil than such regulation as was practicable at the time. (pp.11-12)

「しかも自由企業が異常なほど過酷な形態で本性をあらわしつつあった時代に、経済学者はこれに惜しみない賛辞を贈っていたのである。その理由は一つには、現代の我々はほとんど忘れてしまっているが、自由企業によって廃止された慣習の束縛や頑なしきたりの残酷さを彼らは知っていたからである。また一つには、一般的な傾向として当時のイギリス人は、政治的、社会的、そしてあらゆる事柄における自由は、安全の喪失を除けばどんな犠牲を払ってでも保つ価値があると考えていたからである。さらにまた、自由企業が国民にもたらしつつあった生産力こそが、ナポレオンに対抗できる唯一の手段だったという事情もあった。したがって、経済学者は自由企業を純粋な善と考えていたわけではなく、当時実行可能であった規制に比べれば、まだ害が少ないと考えたのである。」

市場や自由を肯定する経済学の祖と考えられることの多いアダム・スミスは、公正さにも強い関心をもっていました。

　スミスは『国富論』のなかで「イングランドの東インド会社が設立されて以来、イングランドの他の住民はアジア貿易から排除されたうえ、この貿易で輸入される商品を消費する際に、東インド会社が独占の結果として得る特別利益だけでなく、これほど大規模な会社を運営していく際には避けがたい詐欺や不正による特別損失も負担して、高い価格を支払わねばならなくなった」（山岡洋一訳『国富論（下）』pp.219-221）などと述べ、東インド会社を厳しく批判しています。

　マーシャルは、かつての経済学者が自由企業を擁護した理由について述べていますが、これはマーシャル自身の立場でもありました。

It is essential to note that the economist does not claim to measure any affection of the mind in itself, or directly; but only indirectly through its effect. No one can compare and measure accurately against one another even his own mental states at different times: and no one can measure the mental states of another at all except indirectly and conjecturally by their effects. ……

For instance the pleasures which two persons derive from smoking cannot be directly compared: nor can even those which the same person derives from it at different times. But if we find a man in doubt whether to spend a few pence on a cigar, or a cup of tea, or on riding home instead of walking home, then we may follow ordinary usage, and say that he expects from them equal pleasures. (p.15)

「経済学者は、人間の感情そのものを測定するとか、あるいはそれを直接に測定することを主張しているのではなく、単にその影響を通じて間接的に測定するだけだということに注意する必要がある。異なった時点における自分の心の状態でさえ、相互に正確に比較したり測定したりすることは誰にもできない。ましてや他人の心の状態については、その影響を通じて間接的に推測することしかできない。……

　例えば、二人の人間が喫煙から得る喜びを直接に比較することはできない。同じ人間が異なった時点で感じる喜びについてさえそうである。しかし、もしある人が数ペンスの使い道として、葉巻か紅茶に使うか、それとも家まで歩いて帰る代わりに車に乗るかで迷っているとしたら、通常の用法に従って、その人はそれらから同等の喜びを期待していると言ってよいだろう。」

　19世紀後半には限界原理を用いた経済分析が登場してきます。（現在では**限界効用** marginal utility として知られていますが、ジェヴォンズは**最終効用度** final degree of utility という表現を用いていました）。その背後には**功利主義**の考え方がありますが、「限界効用」というかたちで個々人の満足度を数値化して表現することができるという前提が置かれていました。数値化できるということは、比較も

できるということです。しかし異なる個人のあいだで満足の度合いを比較することは本当に可能でしょうか？　実際、20世紀になると、この点が問題にされて、方法論をめぐって大きな論争が起こります。そして経済学をできるだけ厳密で客観的な科学にしていこうという方針が支持されるようになり、限界効用概念は表舞台から退いていきます。

19世紀の経済学は、**限界効用逓減の法則**を根拠に右下がりの需要曲線を導きましたが、20世紀になると、**予算線**と**無差別曲線**を用いることで、**効用の測定可能性**に依存しないアプローチがとられるようになっていきます。

There are several other limitations of the measurement of motive by money to be discussed. The first of these arises from the necessity of taking account of the variations in the amount of pleasure, or other satisfaction, represented by the same sum of money to different persons and under different circumstances.

A shilling may measure a greater pleasure (or other satisfaction) at one time than at another even for the same person; because money may be more plentiful with him, or because his sensibility may vary. (pp.17-18)

「貨幣による動機の測定については、他にもいくつか議論すべき制約が存在する。その第一は、同一額の貨幣であらわされる快楽あるいは他の満足の大きさは、人が違えば、また状

況が違えば、変わってくることを考慮する必要から生じる。

　同じ 1 シリングが、同じ人にとっても、あるときには別の
ときに比べてより大きな快楽（あるいは別の満足）をもたらす
ことがあるかもしれない。なぜなら、彼がより裕福になって
いるかもしれないし、金銭感覚が変化しているかもしれない
からである。」

sensibility には感受性、感性といった意味がありますが、その
ままでは少しわかりにくいので、ここでは言葉を補って「金銭感
覚」と訳してみました。

　シリングは 1970 年代まで用いられていたイギリスの通貨単位
で、1 ポンド＝ 20 シリング、1 シリング＝ 12 ペンスと定められ
ていました。現在では廃止されており、1 ポンド＝ 100 ペンスと
いうレートになっています。

　Here, as elsewhere, we must bear in mind that the desire to
make money does not itself necessarily proceed from motives
of a low order, even when it is to be spent on oneself. Money
is a means towards ends, and if the ends are noble, the desire
for the means is not ignoble. The lad who works hard and saves
all he can, in order to be able to pay his way afterwards at a
University, is eager for money; but his eagerness is not ignoble.
In short, money is general purchasing power, and is sought as a
means to all kinds of ends, high as well as low, spiritual as well
as material.

Thus though it is true that "money" or "general purchasing power" or "command over material wealth," is the centre around which economic science clusters; this is so, not because money or material wealth is regarded as the main aim of human effort, nor even as affording the main subject-matter for the study of the economist, but because in this world of ours it is the one convenient means of measuring human motive on a large scale. If the older economists had made this clear, they would have escaped many grievous misrepresentations; and the splendid teachings of Carlyle and Ruskin as to the right aims of human endeavour and the right uses of wealth, would not then have been marred by bitter attacks on economics, based on the mistaken belief that that science had no concern with any motive except the selfish desire for wealth, or even that it inculcated a policy of sordid selfishness. (p.22)

「他の場合と同様ここでも、お金を稼ごうという欲望は、たとえそれが自分のために使う場合であっても、それ自体が必ずしも低次元の動機に起因するとはいいきれないことを心に留めておかなければならない。貨幣は目的に対する手段であり、もしその目的が高尚であるならば、その手段を得ようとする欲求は卑しいものではない。大学の学費を稼ぐために一生懸命働き、できる限り貯蓄しようとする青年は、熱心にお金を稼ごうとする。しかし彼の熱意は卑しいものではない。要するに、貨幣は一般購買力であり、高尚なものであれ粗野

なものであれ、また物質的なものであれ精神的なものであれ、あらゆる目的に対して手段として追求されるものである。

　経済学が、「貨幣」または「一般購買力」あるいは「物質的富に対する支配」を中心に展開されることは事実である。しかしそれは、貨幣や物質的富が人間の努力の主目的とみなされているからではない。また、経済学者の研究の主題となっているからでもない。我々の世界において、大規模に人間の動機を測定する一つの便利な手段だからである。もし過去の経済学者たちがこの点を明らかにしていたならば、多くの悲しい誤解は避けられたであろう。そしてカーライルとラスキンの、人間の追求すべき正しい目標と富の正しい用途に関するすばらしい教えが、経済学に対する激しい攻撃によって損なわれることはなかったであろう。その攻撃は、経済学は富に対する利己的な願望を除くいかなる動機にも関心をもたないとか、経済学は浅ましい利己主義の政策を吹き込んでいるとかいう、誤った思い込みに基づいていたのである。」

　経済学の世界では、money はふつう「貨幣」と訳します。やや砕けた表現として「お金」と訳しても間違いではありませんが、学術的な議論をする場合には「貨幣」と訳すのが一般的です。ただ、ここでの make money という表現には、「お金を稼ぐ」という言い回しがしっくりきます。同じ単語には同じ訳語を当てるということにこだわるならば、「貨幣を獲得する」といった表現でもよいでしょうし、文脈に応じて臨機応変に、ということであれば、「貨幣」と「お金」を使い分けてもよいでしょう。このあた

りは一長一短だと思います。

　二つ目のパラグラフの it is true that "money" ……is the centre around which economic science clusters の部分は、素直に訳すと「「貨幣」……は、経済学がそれをめぐって展開される中心であることは事実である」となります。が、ややぎこちない表現でもあるので、「経済学が「貨幣」……を中心に展開されることは事実である」としました。最後の文章は長いため、based on 以下を区切って訳しました。

　人が何らかの行為をする際、その目的を「お金のため」と公言することは、憚られる雰囲気があります。高尚な行為であっても、その背景に営利的な動機が見え隠れすると、その気高さが色褪せてしまうと感じる人もいるでしょう。お金の重要性を否定する人はいないにもかかわらず、お金の話をすることはどこかタブー視されるところがあり、とくに日本ではその傾向が強いようです。

　学問とは本来、真・善・美を追求する崇高なものであるのに対して、経済学は金儲けのことばかり考えている卑しい学問だという誹謗中傷を受けることがありました。カーライルは経済学のことを「陰鬱な科学 dismal science」とこきおろしましたが、これなどもその一例でしょう（もっとも、カーライルのこの主張は、悪名高い 1849 年の奴隷制擁護論のなかで展開されたもので、あまり褒められたものではありませんが）。それに対してマーシャルは、貨幣はただの手段にすぎないと反論しています。

　経済学の歴史をみると、貨幣をめぐる様々な考え方が登場しますが、大別すると二つの系譜に分けることができます。一つは、貨幣は経済の主役で、非常に重要な役割を果たすというもの。い

ま一つは、貨幣はあくまで脇役で、衣食住といった実体経済こそが中心だという見方です。前者の代表として重商主義、後者の代表として古典派経済学を挙げることができます。マーシャルは古典派経済学の伝統を重視する一方で、貨幣の重要性を決して軽視しませんでした。マーシャルの教え子のケインズは、貨幣の専門家として大成しましたが、ケンブリッジ大学におけるマーシャルの講義では貨幣というテーマが非常に重視されていたと語っています。ただし、このマーシャルの『経済学原理』は、後に続編が出る前提で、導入的なテーマを扱う第1巻として刊行された本であるため、貨幣のような応用的な主題はあまり取り上げられてはいません。それは、マーシャルが貨幣を軽視していたからではなく、続刊で詳しく議論する予定でいたためです。残念ながら、その続刊は完全な形では刊行されませんでしたが、晩年に『貨幣・信用・貿易』（1923年）という本が出ています。

> Perhaps the earlier English economists confined their attention too much to the motives of individual action. But in fact economists, like all other students of social science, are concerned with individuals chiefly as members of the social organism. As a cathedral is something more than the stones of which it is made, as a person is something more than a series of thoughts and feelings, so the life of society is something more than the sum of the lives of its individual members. It is true that the action of the whole is made up of that of its constituent parts; and that in most economic problems the best starting-

point is to be found in the motives that affect the individual, regarded not indeed as an isolated atom, but as a member of some particular trade or industrial group; (p.25)

「おそらく過去のイギリスの経済学者たちは、個人の行為の動機だけにあまりにも注目しすぎた。しかし実際には経済学者も、他の社会科学の研究者と同様、個人を主として社会的有機体の一員として扱っている。大聖堂はそれを造りあげる材料となった石以上の何かであるように、また人間は一連の思考と感情以上の何かであるように、社会生活は個人の生活の総計以上の何かである。全体の行為はその構成部分の行為からなっていることは事実である。またほとんどの経済問題にとって、最善の出発点は、孤立した原子としての個人ではなく、特定の業界団体や産業集団の構成員としての個人に作用する動機に見出すことができる。」

　この文章は、マーシャルの方法論を考えるうえで重要な一節です。功利主義のように、アトムとしての個人の合計によって全体が成立するとみるか、それとも**合成の誤謬**を考慮するケインズのように、全体は部分とは別物と考えるかで、経済に対する見方が大きく変わってきます。

　マーシャルは、全体は部分の和にはならないという合成の誤謬のようなことが起りうることに気づいていましたが、マーシャルの時代にはまだミクロとマクロが概念的に峻別されていませんでした。この仕事は弟子のケインズに委ねられることになります。

なお、合理的個人の最適化行動から演繹して社会全体を描写するという 20 世紀の経済学の方法論は、マーシャルのものではありません。ケインズは『一般理論』のなかで、「古典派の第一公準」「古典派の第二公準」というかたちで、「古典派経済学」をまさにそのようなものと描写しましたが、その指摘があたっているかどうかは、専門家のあいだでも議論のあるところです。マーシャルは個と社会全体の中間にある産業という要素に注目し、その構成員としての個人を考えています。

> In all this they deal with man as he is: not with an abstract or "economic" man; but a man of flesh and blood. They deal with a man who is largely influenced by egoistic motives in his business life to a great extent with reference to them; but who is also neither above vanity and recklessness, nor below delight in doing his work well for its own sake, or in sacrificing himself for the good of his family, his neighbours, or his country; a man who is not below the love of a virtuous life for its own sake. They deal with man as he is: but being concerned chiefly with those aspects of life in which the action of motive is so regular that it can be predicted, and the estimate of the motor-forces can be verified by results, they have established their work on a scientific basis. (pp.26-27)

　「経済学者はあるがままの人間を扱う。抽象的な人間や「経済人」ではなく、血肉をもった人間を扱う。経済学者が扱う

人間は、経済活動においては主に利己的な動機で動く。虚栄心や無謀さを克服できないが、かといって自分の仕事を立派にやり遂げることや家族、隣人、祖国のために自己犠牲を払うことに喜びを感じないわけでもない。高潔な生活そのものを愛せないわけでもない。彼らはあるがままの人間を扱うが、動機の作用が規則的であるため予測することができ、原動力の評価が結果によって検証できるような生活の側面を主に扱うため、その研究を科学的根拠に立脚して構築することができる。」

　冒頭の In all this と they はその前のパラグラフをみないとわからないところですが、経済学の分析対象について述べられています。they は経済学者です。They deal with 以降は、「彼らは……な人間を扱う」とすると、……の部分が長すぎるため、「彼らが扱う人間は〜」と前から訳しました。そうすることで、その後の部分も分割しやすくなります。

　近年、経済学の世界でも生身の人間が何を考えてどのように行動するか、ということにスポットライトを当てた研究が重ねられ、一昔前の合理的経済人モデルは厳しい批判にさらされるようになりました。そして、人間はある程度合理的でそれなりに利己的だけれども、一定の利他心、公共精神も持ち合わせていることが明らかにされつつあります。そのような人間像こそ、まさにマーシャルが想定していたものです。

　逆に言うと、そのような複雑な人間像を想定していたからこそ、マーシャルの議論は「曖昧でわかりにくい」といった印象を与え

ることにもなりました。マーシャルの想定している世界は現実的
ですが、それだけにモデル化するのが難しいのです。

　あるいは読者のなかには、このような人間像を考えるのはむし
ろ当たり前のことではないかと思われる方もいるかもしれません。
しかし、必ずしもそうでない時代があったのです。20 世紀には
合理的経済人モデルが全盛を迎えたこともあり、マーシャルは過
去の人として忘れ去られ、冷遇されることとなりました。

The laws of economics are to be compared with the laws
of the tides, rather than with the simple and exact law of
gravitation. For the actions of men are so various and uncertain,
that the best statement of tendencies, which we can make in a
science of human conduct, must needs be inexact and faulty.
This might be urged as a reason against making any statements
at all on the subject; but that would be almost to abandon life.
(p.32)

　「経済学の法則は、単純で精密な万有引力の法則よりは、潮
　汐の法則と比較されるべきものである。というのは、人間の
　行為は多様で不確実であるため、傾向について、人間行動の
　科学において我々がなしうる最善の叙述であっても、不正確
　で不完全なものとならざるを得ないからである。このことは、
　この問題について何らかの意見を述べることに反対する根拠
　とされるかもしれない。しかしそれではほとんど人生を放棄
　するも同然であろう。」

経済学は人間を対象とする社会科学であり、そこには様々な不確実性がつきまとうことになります。**不確実性**概念というとケインズやナイトが想起されることが多いですが、マーシャルの場合は思想的概念としてというよりは常識のレベルで漠然とこのようなことを認識していました。マーシャル以外でも、経済分析を精緻なモデルで表現する以前の世代には、おおむねそのような傾向があるといえるかもしれません。

> Another misunderstanding to be guarded against arises from the notion that only those economic results are normal, which are due to the undisturbed action of free competition. But the term has often to be applied to conditions in which perfectly free competition does not exist, and can hardly even be supposed to exist; and even where free competition is most dominant, the normal conditions of every fact and tendency will include vital elements that are not a part of competition nor even akin to it. (p.35)

　「もう一つの誤解が生じないよう注意する必要がある。自由競争が妨げられずに作用した場合の経済的結果だけが正常だという考えに起因する誤解である。しかし正常という言葉は、完全に自由な競争が存在しない状態、また存在するとはとても考えられない状態にも適用すべきことがしばしばある。自由競争が支配的な場合でさえ、あらゆる事実、傾向の正常な

状態には、競争の一部でもなければ競争に似てもいない重要要素が含まれているであろう。」

　20世紀後半以降、類型化された新古典派経済学、あるいはミクロ経済学の教科書的分析は、完全競争モデルをベンチマークとし、まずはそこを出発点としてきました。マーシャルもやはり基本的には「正常」状態をベンチマークと考えるわけですが、マーシャルのいう「正常」とは現代でいうところの不完全競争に該当します。その理由については後述しますが、マーシャルの正常概念が、一般的に想起されるものとは異なるということに留意していただければと思います。

> The study of theory must go hand in hand with that of facts: and for dealing with most modern problems it is modern facts that are of the greatest use. For the economic records of the distant past are in some respects slight and untrustworthy; and the economic conditions of early times are wholly unlike those of the modern age of free enterprise, of general education, of true democracy, of steam, of the cheap press and the telegraph. (p.39)

　「理論の研究は事実の研究と手を携えて進めなければならない。現代のほとんどの問題に取り組むうえで最も役に立つのは現代の事実である。遠い過去の経済的記録は、いくつかの点で根拠薄弱で信頼できないからである。昔の経済状態は、

現代の自由企業、一般教育、真の民主主義、蒸気機関、安価
な新聞と電信の時代とは全く異なる。」

　マーシャルは、理論研究と歴史研究のどちらも大切であること
を随所で説いています。事実に基づかない理論は机上の空論とし
て独り歩きしてしまう恐れがありますし、理論なき事実それ自体
では未来への道標たりえません。このバランスこそ、マーシャル
が最も重視したものでした。

# 第4章

# 『経済学原理』 第2編

# 若干の基礎概念

「若干の基礎概念」と題された第 2 編（pp.49-82）では、各種用語の定義などが述べられます。全部で 30 ページ余りと、『原理』のなかでも最も短い編ですが、いくつか文章をみていきましょう。ここでも、鍵となるのは、境界線があいまいであることが多いということです。

> It is sometimes said that traders do not produce: that while the cabinet-maker produces furniture, the furniture-dealer merely sells what is already produced. But there is no scientific foundation for this distinction. They both produce utilities, and neither of them can do more: the furniture-dealer moves and rearranges matter so as to make it more serviceable than it was before, and the carpenter does nothing more. The sailor or the railway-man who carries coal above ground produces it, just as much as the miner who carries it underground; the dealer in fish helps to move on fish from where it is of comparatively little use to where it is of greater use, and the fisherman does no more. (p.63)

　「商人は生産しないとしばしば言われる。いわく、家具職人

は家具を生産するが、家具商は単に生産された財を売るだけだ、と。しかしこうした区別に科学的根拠はない。どちらも効用を生み出しており、どちらもそれ以上のことをするわけではない。家具商はモノを移動させ配置換えすることで、以前より便利にしてくれる。家具職人もそれ以上のことをするわけではない。地上で石炭を運ぶ船員や鉄道員は、石炭を生産しているのであって、それは地下で石炭を運ぶ炭鉱作業員とて同じである。魚屋は魚を比較的需要のないところから需要の大きいところへ移動させる手助けをするが、漁師もそれ以上のことをするわけではない。」

the furniture-dealer moves 以下の文章は、so as to 以下のことをするために matter を moves and rearranges するという構造ですが、前から訳しました。carpenter という単語でまず思い浮かぶ訳語は「大工」ですが、この文脈では家を建てる話ではなく、家具を生産する話をしていますので、cabinet-maker とほぼ同じ意味で用いられていると考えられます。of little use は「ほとんど役に立たない」という意味ですが、食材としての「魚が役に立たない」というのは、必要とされない、需要がないということだと解釈できます。漁師と魚屋の仕事はそれぞれ、海にいる魚を市場に届ける、市場にある魚を食べたい人のもとへ届ける、そういうことだというわけです。どちらも効用を生み出していて、本質的な差はないので、漁師を生産者、魚屋を商人というふうに区別してもあまり意味はないとマーシャルは言っているのです。

　ここでマーシャルは、モノの生産とサービスの生産を区別する

ことはそれほど本質的ではないと述べているわけですが、これが
アダム・スミスを意識した表現であることは明白です。スミスは
**生産的労働**と**不生産的労働**の区別を重要と考えました。スミスは
農業と製造業、つまり有形のモノを実際につくる労働のみを生産
的と考え、サービスを生産する労働については国富の増大に寄与
しないと考えました。こうした考え方は、現代においては言うま
でもなく、マーシャルの時代からみても時代遅れと映ったようで
す。

(note) All the distinctions in which the word Productive is
used are very thin and have a certain air of unreality. It would
hardly be worth while to introduce them now: but they have a
long history; and it is probably better that they should dwindle
gradually out of use, rather than be suddenly discarded.

The attempt to draw a hard and fast line of distinction where
there is no real discontinuity in nature has often done more
mischief, but has perhaps never led to more quaint results,
than in the rigid definitions which have been sometimes
given of this term Productive. Some of them for instance lead
to the conclusion that a singer in an opera is unproductive,
that the printer of the tickets of admission to the opera is
productive; while the usher who shows people to their places is
unproductive, unless he happens to sell programmes, and then
he is productive. (p.67)

「（注）生産的という言葉が使われる際の区別はどれも中身がなく、ある種非現実的な様相を呈している。このような区別を今さら取り入れる価値はほとんどない。しかし長い歴史があるので、いきなり廃止するよりは使用を徐々に減らしていくのがよいだろう。

　実際には本質的に断絶など何もないところに厳格な境界線を引こうという試みは、この生産的という言葉にしばしば与えられてきた厳格な定義と比べて、しばしばより大きな弊害を生み出してきた。しかしおそらくこれほど奇妙な結果をもたらしたことはなかった。例えばこんな結論になる。オペラ歌手は不生産的であるが、オペラの入場チケットの印刷業者は生産的である。また、観客を客席に案内する人は不生産的であるが、プログラムを販売していれば生産的である。」

　マーシャルは由緒ある概念である「生産的」という用語の使用に難色を示していますが、即時撤廃を主張するのではなく、使用を徐々に減らしていくことを提案しています。何事においても「漸進的」というスタンスはマーシャルの特徴といえます。

　ちなみに、スミスは『国富論』第2編第3章のなかで、不生産的労働の例として、家事使用人 servant 以外にも、聖職者 churchmen、法律家 lawyers、医師 physicians、文士 men of letters、俳優 players、道化師 buffoons、音楽家 musicians、オペラ歌手 opera-singers、オペラ・ダンサー opera-dancers などを挙げています。モノづくりをしないというこの基準でいうと、事務職員、警察官、教師などもすべて不生産的ということになりますので、現

代であればかなりの仕事が不生産的労働に分類されてしまうで
しょう。もちろん、現在はこのような区分は用いられていません。

It is common to distinguish necessaries, comforts, and luxuries;
the first class including all things required to meet wants
which *must* be satisfied, while the latter consist of things that
meet wants of a less urgent character. But here again there is
a troublesome ambiguity. When we say that a want *must* be
satisfied, what are the consequences which we have in view if
it is not satisfied? Do they include death? Or do they extend
only to the loss of strength and vigour? In other words, are
necessaries the things which are necessary for life, or those
which are necessary for efficiency? (pp.67-68)

「財を必需品、安楽品、贅沢品に区別するのは普通のことで
ある。必需品は、満たされ・な・け・れ・ば・な・ら・な・い欲求を満たすの
に必要な財すべてを含んでいる。安楽品と贅沢品は、緊急性
の低い欲求を満たす財からなる。しかしここにもまた厄介な
曖昧さがある。ある欲求が満たされ・な・け・れ・ば・な・ら・な・いとい
うとき、もし満たされないとどうなると考えられているのか。
死んでしまうのか。それとも活力や気力が失われるだけなの
か。換言すれば、生存するための必需品なのか、それとも能
率のための必需品なのか。」

必需品と言われるものについても、その境界線は曖昧です。現

在でも、例えば「東京では車がなくても暮らせるが、地方では車は必需品だ」といったことがよく言われます。地方といっても様々ですし、ここでの必需品というのは、ないと買い物等に不便といった意味合いでしょうが、必須といってもその度合いには幅があります。

When any particular things, as a house, a piano, or a sewing machine is lent out, the payment for it is often called *Rent*. ...... the balance of advantage seems to lie in favour of reserving the term Rent for the income derived from the free gifts of nature, whenever the discussion of business affairs passes from the point of view of the individual to that of society at large. And for that reason, the term *Quasi-rent* will be used in the present volume for the income derived from machines and other appliances for production made by man. (p.74)

「家屋、ピアノあるいはミシンのような特定のものが貸し出される際、それに対する支払いはしばしばレントと呼ばれる。……議論が個人の視点から社会一般の視点へと移る際には、このレントという言葉を自然の無償の贈り物に由来する所得のためにとっておくのがよいように思われる。そのような理由により、本書では機械やその他人間が作った生産器具を用いて得られる所得については準地代という用語を用いることにする。」

the balance of advantage …… 以下の文章は、訳しにくいですね。「……を好むことに優位性のバランスがある」などとそのまま訳していっては意味をなさないため、逐語訳にこだわらず、言わんとするところを汲んで訳文を工夫する必要があります。要は、**レント**という用語を何にでも使うのではなく、自然の無償の贈り物に由来する所得という、特定の定義のためにとっておくのがよいと、遠回しな表現で提案しているのです。裏を返せば、それ以外、つまりレントのような性質をもつけれども人為的な器具を用いて得られる所得については別の用語を使おうということで、**準地代** Quasi-rent の概念が定義されます。この準地代は、マーシャルの考案した重要概念の一つです。

In purely abstract, and especially in mathematical, reasoning the terms Capital and Wealth are used as synonymous almost perforce, except that "land" proper may for some purposes be omitted from Capital. But there is a clear tradition that we should speak of Capital when considering things as agents of production; and that we should speak of Wealth when considering them as results of production, as subjects of consumption and as yielding pleasures of possession. Thus the chief *demand* for capital arises from its productiveness, ……. On the other hand the *supply* of capital is controlled by the fact that, in order to accumulate it, men must act prospectively: they must "wait" and "save," they must sacrifice the present to the future. (p.81)

「純粋に抽象的な、とりわけ数学的な推論においては、資本と富という用語はほぼ必然的に同義語として用いられている。ただし目的によっては「土地」は資本から除外されることもある。しかし伝統的には明らかに、生産手段としてのものを考える際には資本と呼んでいるし、生産の結果として、消費の対象ないしは所有の喜びをもたらすものとして考える際には富と呼んでいる。したがって、資本に対する需要は主にその生産性に由来する。……他方、資本の供給を支配するのは、それを蓄積するためには先を見越した行動をとり、「待忍」し「貯蓄」し、将来のために現在を犠牲にしなければならないという事実である。

　最初の文章は、そこまで長いものでもありませんが、except の前後で切って訳しました。つながりを明確にするために「ただし」という言葉を補っています。分割することで何も問題がない場合は、一文を短くした方が読むのも訳すのも楽な場合が多いです。

　But there is 以下も、「……（という）明白な伝統が存在する」と訳しても意味は通じますが、試訳では「伝統的には明らかに……」と前から訳しました。

# 第5章

# 『経済学原理』　第3編

# 欲求とその満足

「欲求とその満足」と題された『原理』第3編では、主に需要の分析が展開されます。古典派経済学では供給側の分析に力点が置かれていましたので、需要に焦点を当てたこの第3編は、マーシャルの独創性がいかんなく発揮されている編といえます。需要の価格弾力性、消費者余剰、ギッフェン財といった、ミクロ経済学でおなじみの概念が歴史上、初登場したシーンです。

　Human wants and desires are countless in number and very various in kind: but they are generally limited and capable of being satisfied. The uncivilized man indeed has not many more than the brute animal; but every step in his progress upwards increased the variety of his needs together with the variety in his methods of satisfying them. ……

　As a man's riches increases, his food and drink become more various and costly; but his appetite is limited by nature, and when his expenditure on food is extravagant it is more often to gratify the desires of hospitality and display than to indulge his own senses. (pp.86-87)

　「人間の欲求と願望は無数にあり、種類も多岐にわたる。し

かし一般にそれらには限度があり、充足は可能である。実際、未開人は野獣と比べて特に多くの欲求をもっていたわけではない。しかし進歩の階段をのぼるごとに、人の欲求の多様性は増し、それとともに欲求を充足する方法も多様になっていった。……

　富が増加するにつれて、食べ物も飲み物も多様になりお金がかかるようになる。しかし人の食欲には限度がある。食事に対する支出が途方もない額になるのは、自分の空腹を満たすためというよりは、他者をもてなしたいとか見せびらかしたいという願望を満たすためであることが多い。」

　この文章に続いてマーシャルはシーニアを引用し、差異化 distinction に対する願望がいかに強いかに注意を喚起しています。この問題については様々な経済学者がとりあげてきており、ヴェブレンの**顕示的消費** conspicuous consumption（見せびらかしのための消費）の議論などが有名です。

　マーシャルの弟子のケインズも「わが孫たちの経済的可能性 Economic Possibilities for Our Grandchildren」のなかで、絶対的必要 needs which are absolute と相対的必要 needs which are relative を区別し、後者については「優越の欲求を満たすような必要は、とどまるところを知らない those which satisfy the desire for superiority, may indeed be insatiable」と述べています（『ケインズ全集 第 9 巻 説得論集』p.326、邦訳 p.393）。

　これらは最近では**地位財**と呼ばれることもあります。高級車やブランド品などは、純粋にそれが欲しくて買ったのであればよい

のですが、もしその主たる購入動機が見栄や他者への優越感を得るためであれば、隣人や同僚がより上のグレードのものを買ったと知れば、心穏やかではないでしょう。そして上には上がいるため、優越感を満たしたいという欲求には際限がないのです。

but evert step 以下は、「進歩の各ステップは…… with 以下とともに……欲求の多様性を増加させた」という構造になっていますが、試訳では前から訳しました。His appetite is limited by nature は面白い表現ですが、お腹いっぱい食べれば食欲は自然とおさまるということですね。「彼の食欲は自然によって制限されている」などと直訳するのではなく、自然な表現を心がけたいところです。

Speaking broadly therefore, although it is man's wants in the earliest stages of his development that give rise to his activities, yet afterwards each new step upwards is to be regarded as the development of new activities giving rise to new wants, rather than of new wants giving rise to new activities. (p.89)

「それゆえ大まかにいって、人間の発展の初期の段階においては、欲求こそが活動を引き起こしたのであるが、その後の進歩の歩みにおいては、新しい欲求が新しい活動を引き起こすというよりは、新しい活動が新しい欲求を引き起こしていると考えるべきである。」

上で言及した絶対的必要と相対的必要という議論と関連しますが、物資が乏しい段階では、生きていくための必要最低限の欲求

を満たすためには、それを手に入れるための労働は不可欠です。これが「欲求が活動を引き起こす」段階です。そして必要な欲求が満たされた後は、これが逆転して「活動が欲求を引き起こす」ようになります。この指摘は、第6編で生活基準の概念が議論されるところで再び登場します。

　なお20世紀になると、ガルブレイスは『ゆたかな社会』で、生産が消費者の嗜好や選択に依存しているという「消費者主権」の考え方に疑問を呈し、逆に消費者の欲望が生産者による広告・宣伝によって生み出されていることを指摘しました（ガルブレイスについては根井雅弘『ガルブレイス』白水社、などを参照）。

There is an endless variety of wants, but there is a limit to each separate want. This familiar and fundamental tendency of human nature may be stated in the *law of satiable wants* or *of diminishing utility* thus: — The *total utility* of a thing to anyone (that is, the total pleasure or other benefit it yields him) increases with every increase in his stock of it, but not as fast as his stock increases. If his stock of it increases at a uniform rate the benefit derived from it increases at a diminishing rate. In other words, the additional benefit which a person derives from a given increase of his stock of a thing, diminishes with every increase in the stock that he already has.

That part of the thing which he is only just induced to purchase may be called his *marginal purchase*, because he is on the margin of doubt whether it is worth his while to incur the outlay required to obtain it. And the utility of his marginal purchase may be called the *marginal utility* of the thing to him. Or, if instead of buying it, he makes the thing himself, then its marginal utility is the utility of that part which he thinks it only just worth his while to make. And thus the law just given may be worded: --

The Marginal utility of a thing to anyone diminishes with every increase in the amount of it he already has. (p.93)

「欲求の多様性には限りがないが、個々の欲求には限界がある。人間性についてのこのよく知られた基本的傾向は、欲求飽和の法則あるいは効用逓減の法則と呼んでもよいだろう。——ある人にとってある財の総効用（すなわち、それが彼にもたらす快楽その他の便益の総量）は、保有量の増加とともに増大していくが、保有量と同じ速さで増大していくわけではない。財の保有量が一定の割合で増えていく場合、そこから得られる便益の増加率は逓減していく。換言すれば、ある財の保有量が一定量増えることから得られる追加的な便益は、すでに保有している量が増えるにつれて逓減していく。

　ある人がちょうど買う気になる部分は限界購入と呼んでもよい。なぜなら、その限界こそ、彼がそれを獲得するのに必要な支出をする価値があるか迷っている部分だからである。そして彼の限界購入の効用は、その財の彼にとっての限界効用と呼ぶことができる。あるいはそれを購入する代わりに自分で作る場合、その限界効用は、彼がちょうどかろうじて

作ってみてもよいと考える部分の効用である。それゆえ、上記の法則は次のように表現することができる。

　ある人にとってのある財の限界効用は、彼が既に保有している量が増えるにつれて逓減していく。」

　いわゆる「**限界革命**」の柱の一つである、限界効用逓減の法則について論じた箇所です（「いわゆる」という表現をつけた理由は、「限界革命」という言葉は 20 世紀になってから生み出されたもので、1870 年代に生きていた人で、いま経済学に革命が起こっていると感じ取っていた人はほとんどいなかったためです）。人は財を購入する際、その財を買うことで得られる便益と、その費用（つまり支払うお金）を天秤にかけ、前者が後者を上回っている場合、購入に踏み切ります。その margin というのはまさにその境界を表していて、ここを境に買うか買わないかが分かれることになります。incur は費用などを負担するという意味ですが、incur the outlay「支出を負担する」は単に「支出する」で構いません。なおイギリスで経済学の文脈で marginal という単語を初めて用いたのはウィックスティードという経済学者のようです。

　When we say that a person's demand for anything increases, we mean that he will buy more of it than he would before at the same price, and that he will buy as much of it as before at a higher price. A general increase in his demand is an increase throughout the whole list of prices at which he is willing to purchase different amounts of it, and not merely that he is willing to buy more of it at the current prices.

(note) We may sometimes find it convenient to speak of this as *a raising of his demand schedule*. Geometrically it is represented by raising his demand curve, or, what comes to the same thing, moving it to the right, with perhaps some modification of its shape. (pp.97-98)

「ある人のある財に対する需要が増大するという場合、その人が同じ価格で以前よりもたくさん買おうとしているか、より高い価格で以前と同じだけの量を買おうとしていることを意味する。需要の一般的な増大とは、それぞれの量について買おうとしている価格のリスト全体が上昇することであって、単に現行の価格でよりたくさん買いたいというだけではない。

（注）このことをその需要表の上昇と呼ぶのが便利なこともあるかもしれない。幾何学的にいうと、それは需要曲線の上昇、あるいは同じことになるが、おそらく形状は若干の修正を受けつつ、曲線の右方への移動として表される。」

「需要の増大」という言葉が意味する内容について、ここで確認がなされます。高校で政治経済を学習してきた大学一年生にこの意味を訊ねても、意外と答えられません。

現代のミクロ経済学でも、**需要曲線に沿った変化**と**需要曲線そのもののシフト**を区別して考えます。前者は、当該財の価格が変化したことでその財の需要量が変化するケースです。例えばりんごが特売で安くなっているのでたくさん買った、という場合がこ

れにあたります。後者は、当該財の価格以外の条件が変化したことでその財の需要量が変化するケースです。こちらは例えばテレビ番組等でりんごが健康によいという特集が組まれ、（りんごの価格に変化はないけれども）それをみて買う人が増えた、という場合がこれにあたります。ここでマーシャルが述べている「需要の増大」は、後者の需要曲線そのもののシフトのことを意味しています。

A general increase in his demand の箇所の his は、一般的な議論をする際に出てくる「ある人」を受けたものなので、無理に「彼の」と訳す必要はありません。

The *elasticity* (or *responsiveness*) *of demand* in a market is great or small according as the amount demanded increases much or little for a given fall in price, and diminishes much or little for a given rise in price.

(note) We may say that the elasticity of demand is one, if a small fall in price will cause an equal proportionate increase in the amount demanded: or as we may say roughly, if a fall of one per cent. in price will increase the sales by one per cent. (p.102)

「市場における需要の弾力性（または反応性）は、一定の価格下落に対して需要量が大幅に増大し、一定の価格上昇に対して需要量が大幅に減少するなら、大である。需要量が小幅にしか増減しないなら、弾力性は小である。

（注）もし価格の小幅な下落が同じ割合だけ需要量を増大さ

せるなら、あるいは大雑把にいって価格の1パーセントの下落が1パーセントだけ販売数を増やすなら、需要の弾力性は1であるといってよい。」

ここでは**需要の価格弾力性**の定義が述べられています。マーシャルが現代経済学に残した数多くの遺産のなかでも、特に重要なものの一つです。価格が変化したとき、それに反応して需要量が大きく変化する財もあれば、あまり変化しない財もあります。前者のように弾力性が1より大きい財を弾力的、後者のように弾力性が1より小さい財を非弾力的といいます。マーシャルは、簡単な経済分析においては力学的類推が役に立つと考え、弾力性の概念を物理学から借用してきたわけです。

ここの文章はいろいろ訳し方が考えられます。試訳はほんの一例です。

The elasticity of demand is great for high prices, and great, or at least considerable, for medium prices; but it declines at the price falls; and gradually fades away if the fall goes so far that satiety level is reached. (p.103)

「需要の弾力性は、価格が高いときには大きい。価格が中くらいのときには大きいか、少なくともそれなりの大きさである。しかし価格が下落するにつれて弾力性も低下し、価格下落が需要の飽和水準に達すると、次第にゼロに近づく。」

この文章の意味を正確に理解するためには、需要の価格弾力性の概念をきちんと理解している必要があります。英語の構文がわかっても、経済学の知識がないと、何を言っているかわからないかもしれません。

　一般に、需要曲線の傾きに関していえば、（グラフの目盛りの取り方が同じであるならば）急勾配な需要曲線は弾力性が小さく、傾きのゆるやかな需要曲線は弾力性が大きいといえます（需要曲線が急勾配だと、価格が少し下がっても需要量はわずかしか増えませんが、傾きがゆるやかであれば、価格のわずかな下落でも需要量は大きく増加します）。他方、異なる需要曲線の比較ではなく、同じ一本の需要曲線のなかでも、どの位置にある点でみるかで弾力性の値は変わってきます。ここではその話をしているのです。

　縦軸に価格、横軸に数量をとった右下がりの需要曲線を考えるとして、一般に、弾力性は曲線の左上にいくほど大きく、右下にいくほど小さくなります。なぜなら、需要の価格弾力性が（需要量の変化率）／（価格の変化率）の絶対値で定義されるからです。

　直観的な説明をするならば、グラフの左上（高価格・数量小）の領域では、もともと高い価格がわずかに下がっても下落率は小さくなり、もともと少ない数量がわずかに増えても、増加率は大きくなります（例えば100が99になっても下落率は1％ですが、1が2に増えたら増加率は100％です）。そのため弾力性は大きくなるのです。逆に、グラフの右下（低価格・数量大）の領域では、もともと低い価格がわずかに下がっても下落率は大きくなり、もともと多い数量がわずかに増えても増加率は小さくなるため、弾力性は小さくなります。その中間の領域には弾力性が1になる点が存在

します。

　なお、需要曲線が横軸と接する点がもしあるなら、そこでは需要の価格弾力性は0になります。逆に、需要曲線が縦軸と接する点がもしあるなら、そこでは需要の価格弾力性は無限大になります。

The current prices of such things as rare wines, fruit out of season, highly skilled medical and legal assistance, are so high that there is but little demand for them except from the rich: but what demand there is, often has considerable elasticity. ……

The case of necessaries is exceptional. When the price of wheat is very high, and again when it is very low, the demand has very little elasticity: at all events if we assume that wheat, even when scarce, is the cheapest food for man; and that, even when most plentiful, it is not consumed in any other way. We know that a fall in the price of the quartern loaf from 6*d*. to 4*d*. has scarcely any effect in increasing the consumption of bread. (p.106)

　「稀少なワイン、季節はずれの果物、凄腕の医師や弁護士のサービスといった財の相場はきわめて高く、富裕層を除けばほとんど需要は存在しない。しかし需要があるところでは、しばしばかなり弾力的である。……

　必需品の場合は例外である。小麦の価格が非常に高いとき

も低いときも、その需要の弾力性はきわめて小さい。小麦は不足しているときであっても人間にとって最も安い食糧であるし、非常に豊富にある場合でも、他の用途に消費されることはないため、その弾力性は小さくなる。パンの価格が6ペンスから4ペンスに値下がりしても、パンの消費量を増やす効果はほとんどないことは、ご存知の通りである。」

current price には「時価」といった意味がありますが、ここでは「相場」と訳しました。現代でもアメリカなどでは、腕利きの医師の治療を受けたり、凄腕の弁護士を雇ったりするのにはかなりのお金が必要です。当時はワインも庶民が飲むようなものではありませんでしたし、季節外れの果物は、現在と比べて随分と手に入りにくかったのでしょう。こうしたほぼ富裕層しか消費しない財・サービスに対して、小麦（およびパン）は食卓になくてはならない必需品であり、後者のような財は弾力性が小さくなる傾向があります。日本の場合でいうならお米がそれにあたります。We know that 以下を「我々は（that 以下のこと）を知っている」とそのまま訳すのでは堅苦しいので、少し工夫したいところです。文脈によっては「……であることがわかっている」などという訳も考えられますが、ここではあえて訳さないか、「……なことは、ご存知の通り」などとしてみるのが一例です。quartern loaf は文脈を考慮して、細かいニュアンスを探るよりも、単にパンと訳しました。$d$ はローマ時代のデナリウス（denarius）銀貨に由来する表記で、慣例的に英国の通貨単位ペニー（複数形ペンス）を表します。

A perfect market is a district, small or large, in which there are many buyers and many sellers all so keenly on the alert and so well acquainted with one another's affairs that the price of a commodity is always practically the same for the whole of the district. But independently of the fact that those who buy for their own consumption, and not for the purposes of trade, are not always on the look out for every change in the market, there is no means of ascertaining exactly what prices are paid in many transactions. Again, the geographical limits of a market are seldom clearly drawn, except when they are marked out by the sea or by custom-house barriers; and no country has accurate statistics of commodities produced in it for home consumption. (p.112)

「完全な市場とは、規模を問わず、次のようなものである。すなわち、多数の買い手と売り手が抜け目なく注意を払っており、互いの動向によく通じていて、商品の価格はその地域ではどこでもほとんど同じである。しかし、商売のためではなく自分で消費するために購入する人々は必ずしもつねに市場のあらゆる変化に気を配っているわけではない。この事実を別にしても、多くの取引において実際に支払われた価格を正確に確かめる手段は存在しない。また市場の地理的な境界は、海や税関によって区切られている場合を除けば、はっきりと引かれていることはほとんどない。自家消費用に生産さ

れた商品の正確な統計をもっている国はない。」

　ここでマーシャルは「完全な市場」について述べていますが、ポイントは二つあります。一つは、買い手も売り手も大勢いて、他の市場参加者の動向によく通じていること、いま一つは、その市場の境界内では、ほぼ**一物一価**（同じ財には同じ価格）が成立していることです。ただしそれに続けてマーシャルは、現実にはどちらも満たされているわけではないことを指摘しています。つまり現実の市場は完全ではないというのが、マーシャルの認識です。

　　If a person has a thing which he can put to several uses, he will distribute it among these uses in such a way that it has the same marginal utility in all. For if it had a greater marginal utility in one use than another, he would gain by taking away some of it from the second use and applying it to the first.

　　One great disadvantage of a primitive economy, in which there is but little free exchange, is that a person may easily have so much of one thing, say wool, that when he has applied it to every possible use, its marginal utility in each use is low: and at the same time he may have so little of some other thing, say wood, that its marginal utility for him is very high. Meanwhile some of his neighbours may be in great need of wool, and have more wood than they can turn to good account. If each gives up that which has for him the lower utility and receives that which has the higher, each will gain by the exchange. But to make such an adjustment by barter, would be tedious and difficult.

The difficulty of barter is indeed not so very great where there are but a few simple commodities each capable of being adapted by domestic work to several uses; ......

But when commodities have become very numerous and highly specialized, there is an urgent need for the free use of money, or general purchasing power; for that alone can be applied easily in an unlimited variety of purchases. And in a money-economy, good management is shown by so adjusting the margins of suspense on each line of expenditure that the marginal utility of a shilling's worth of goods on each line shall be the same. (pp.117-118)

「もしある人がいくつかの用途に使える財をもっているならば、どの用途も同じ限界効用をもつように配分するだろう。なぜなら、もしある用途が別の用途よりも大きな限界効用をもっているならば、後者への配分をいくらか減らして前者に振り向けた方が得だからである。

　原始的な経済では自由な交換がほとんど行われない。その大きなデメリットの一つは、ある人が一種類の財、例えば羊毛だけをたくさんもっていて、それを様々な用途に配分しても各用途の限界効用はどれも低くなるのに、他方で他の財、例えば木材はごくわずかしかもっておらず、その限界効用は非常に高いといったことが起こりやすいことである。一方、彼の隣人のなかには、羊毛を大いに必要としていて、木材は

有効利用しきれないほど大量にもっている人がいるかもしれない。その場合、自分にとって効用が低い財を手放し、効用の高い財を獲得すれば、両者ともに交換から利益が得られるだろう。しかしそのような調整を物々交換で行うのは面倒でありまた困難である。

　少数の単純な商品しか存在せず、そのどれもが家庭内労働でいくつかの用途に調整できるようなものであれば、物々交換の困難もそれほど大きなものではない。……

　しかし商品の数が非常に多くなり、特化するようになると、貨幣、すなわち一般購買力を自由に用いることがどうしても必要になってくる。果てしなく多様な購買を容易に行うことができるのは貨幣だけである。貨幣経済においては、各財への支出１シリングあたりの限界効用が均等になるように支出の限度を調整するのがうまい管理のやり方である。」

　これは、いわゆる「限界革命」のもう一つ柱である**限界効用均等の法則**について説明している箇所です。理論上は、各財から得られる限界効用が等しくなるようなかたちで消費を行うのが最適であり、最も効率がよくなるのですが、物々交換の場合にはその調整が容易でないことも指摘しています。それは貨幣の存在があってはじめて容易になります。

　なお、現実には（経済学を勉強した人を除けば）ほとんどの人は「限界効用均等」などという言葉は聞いたこともないでしょうし、日々の買い物においてそれを意識して計算している人もまずいないでしょう。しかし、人々がその法則を知っているか否かという

ことは、その妥当性とは無関係です。必要なものを必要な分だけ買うという常識的な判断をする際に、これらは無意識的に判断のなかに組み込まれているのです。例えば、醤油が切れたので買いに行こうと考える人が、一度に 10 本も 20 本も買うことはありません。また一人暮らしの人は、ファミリーサイズの食材を買っても食べきれないので、量の少ないものを買うでしょう。こうした判断も、経験的に限界効用が均等になるよう最適化を行っている結果といえます。

> If people regarded future benefits as equally desirable with similar benefits at the present time, they would probably endeavour to distribute their pleasures and other satisfactions evenly throughout their lives. They would therefore generally be willing to give up a present pleasure for the sake of an equal pleasure in the future, provided they could be certain of having it. But in fact human nature is so constituted that in estimating the "present value" of a future benefit most people generally make a second deduction from its future value, in the form of what we may call a "discount," that increases with the period for which the benefit is deferred. (p.120)

「もし人々が将来の便益を現在の似たような便益と同程度に望ましいと考えるならば、おそらくその快楽その他の満足を、生涯を通じて均等に配分しようとするだろう。それゆえ、将来の快楽が確実に得られるのであれば、それを得るために現

在の同等の快楽を進んであきらめるだろう。しかし実際のところ、将来の便益の「現在価値」を評価するうえで、ほとんどの人は「割引」と呼べる形でいま一つの控除を行っている。その割引率は、便益を享受するのが遅くなるにつれて増大する。」

**割引現在価値**は、経済学や金融の分野では非常に重要な考え方です。前提となるのは、現在の満足と将来の満足は等価ではない（例えば現在の 10000 円と 1 年後の 10000 円の価値は同じではない）という発想で、将来受け取れると見込まれる価値を現在の価値に換算するとどれくらいになるかを考える際に用いられます。例えば金利が 5％のとき、1 年後の 10000 円の割引現在価値は 10000／1.05 ＝約 9524 円になります。なぜならば、現在の 9524 円を 5％で運用すれば 1 年後には 10000 円になっているからです（ただし厳密には、利息に対する税金などが発生しますので、このように単純にはいきません）。利子率が正である限り、現在から遠く離れれば離れるほど、割引現在価値は小さくなっていきます。金利 5％の場合、2 年後の 10000 円の割引現在価値は 10000／$(1.05)^2$ ＝約 9070 円になります。3 年後なら 8638 円、4 年後なら 8227 円です。極端な話、「100 年後に 100 万円あげます」と言われても嬉しく感じられないのは、割引現在価値がきわめて小さくなっているからです。

We have already seen that the price which a person pays for a
thing can never exceed, and seldom comes up to that which he

would be willing to pay rather than go without it: so that the satisfaction which he gets from its purchase generally exceeds that which he gives up in paying away its price; and he thus derives from the purchase a surplus of satisfaction. The excess of the price which he would be willing to pay rather than go without the thing, over that which he actually does pay, is the economic measure of this surplus satisfaction. It may be called *consumer's surplus*. (p.124)

　「すでにみたように、人がある財に支払う価格は、それをなしで済ませるよりは支払った方がよいと考える価格を上回ることは決してないし、それに一致することもほとんどない。したがって、購入から得られる満足は、一般に、その価格を支払うことで断念する満足を上回る。それゆえ購入によって満足の余剰が得られる。なしで済ませるよりは支払った方がよいと考える価格が実際に支払う価格を超過する分は、この余剰満足の経済的尺度である。それを消費者余剰と呼ぶのがよいだろう。」

　この**消費者余剰**も、マーシャルが考案して現代経済学の共有財産となっている重要な考え方です。ミクロ経済学に加え、公共経済学、厚生経済学、環境経済学といった応用分野でも、課税や補助金などの効果を分析する際に活用されています。
　グラフを用いると、余剰の大きさを視覚的に捉えることができるというのが大きなメリットです。今日でも、ミクロ経済学やマ

クロ経済学の教科書にはグラフがたくさん掲載されています。あまり知られていませんが、文章による説明だけでなく、グラフを多用して経済分析を行うというスタイルはマーシャルによって広められました。

さらに、現在では需要・供給の議論をする際、**縦軸に価格、横軸に数量**をとるのが当たり前になっていますが、この慣行はマーシャルに由来します。数学的なルールに即して考えるならば、これは逆にした方が自然なのですが、現在にいたるまであえてこの形式が踏襲されている理由としては、視覚的に余剰分析を行うことが便利だからという点も挙げられるでしょう。

なお、フランスの数学者クールノーは、その古典的名著『富の理論の数学的原理に関する研究』（1838年）において、需要の分析にあたって、**縦軸に需要量、横軸に価格**をとっていました。これは数学者であれば当然の発想です。クールノーは古典派経済学全盛の時代にあって、きわめて先駆的な数理モデルを展開した天才で、ジェヴォンズやマーシャルにも大きな影響を及ぼしました。

There are however some exceptions. For instance, as Sir R. Giffen has pointed out, a rise in the price of bread makes so large a drain on the resources of the poorer labouring families and raises so much the marginal utility of money to them, that they are forced to curtail their consumption of meat and the more expensive farinaceous foods: and, bread being still the cheapest food which they can get and will take, they consume more, and not less of it. But such cases are rare; when they are met with, each must be treated on its own merits. (p.132)

　「しかし例外がないわけではない。例えば、R・ギッフェン卿が指摘したように、パンの価格が上昇すると貧しい労働者の家計は資金が大幅に減ってしまい、貨幣の限界効用が上昇するため、肉の消費やより高価な粉食の消費を切り詰めなければならなくなる。パンはそれでもまだ手に入る食糧のなかでは一番安いので、その消費量は減るどころかむしろ増えることになる。しかしこのようなケースは珍しく、出てきた際に個別に処理をすればよい。」

　逐語訳しようとすると自然な日本語になりにくい箇所がいくつかあります。the cheapest food which they can get and will take を「彼らが手に入れることができ、そして手に入れるであろう最廉価の食糧」と訳したり、they consume more, and not less of it を「彼らはそれをより少なく消費するのではなくより多く消費する」などと逐語的に訳したりするのは、学生の英文和訳の答案であればいざ知らず、翻訳としてはもう少し自然な表現にしたいところです。まず前者ですが、will take の部分は、続く文章をみればパンを消費することは明らかなので、あえて訳出せずに、「手に入る食糧のなかでは一番安い」くらいの表現にしてみました。後者も、強調を表す英語表現としてよく見られる形ですが、原文でなぜあえてこのように表現しているかというと、一般的には価格が上がると消費量が減るのが普通だからです。普通ではない特異なケースとして強調しているニュアンスを汲んだ表現がよいでしょ

う。

　価格が上昇するのに消費量が増える、というギッフェンの指摘は、需要曲線が右上がりになることを意味します（ミクロ経済学の用語を用いると、価格が低下したとき、**代替効果**による消費の増加分よりも、**所得効果**による消費の減少分の方が大きくなるケースです）。現在、このような財のことを**ギッフェン財**と呼びますが、それはマーシャルがここでギッフェンの名前を挙げたことに由来しています。ギッフェンが観察した事例は低所得世帯におけるパンでしたが、他には1920年代のドイツにおけるじゃがいもなどでも同様の現象が確認されています。

　なお、このギッフェンという人には金融関係の著作がいくつかあり、例えば1877年に *Stock Exchange Securities* という本を出しています。マーシャルは金銀委員会への証言のなかでこの本に言及し、物価の決定における銀行信用の役割に関する質疑に関して、The most pregnant hints on it are, I think, those given by Mr. Giffen in his *Stock Exchange Securities*. I do not think that his solution is complete, but he seems to have pointed towards the right solution. (*Official Papers by Alfred Marshall*, Edited by J.M. Keynes, p.37) と評しています。本来の業績については今では一部の研究者を除いてほぼ忘れられた存在となってしまいましたが、「ギッフェン財の人」として、ギッフェン本人が予想もしなかったかたちで歴史に名を残す結果となりました。

# 第6章

## 『経済学原理』 第4編

## 生産要因 土地・労働・資本および組織

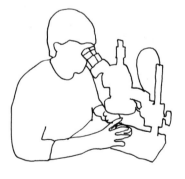

ここからは第4編に入ります。第4編では、前半でまず土地、労働、資本という伝統的な生産要素が考察され、後半でマーシャル独自の産業組織に関する議論が展開されます。

The requisites of production are commonly spoken of as land, labour and capital: those material things which owe their usefulness to human labour being classed under capital, and those which owe nothing to it being classed as land. The distinction is obviously a loose one: for bricks are but pieces of earth slightly worked up; and the soil of old settled countries has for the greater part been worked over many times by man, and owes to him its present form. ...... While man has no power of creating matter, he creates utilities by putting things into a useful form; and the utilities made by him can be increased in supply if there is an increased demand for them: they have a supply price. But there are other utilities over the supply of which he has no control; they are given as a fixed quantity by nature and have therefore no supply price. (p.144)

　「生産に必要な要素は一般に、土地、労働、資本であると言

われている。人間の労働によってその有用性が生み出された
ものは資本に分類され、そうでないものは土地に分類される。
もちろん、この区別は大まかなものである。というのも、レ
ンガは土にわずかに手を加えたものにすぎないが、昔から人
間が居住している国の国土は大部分、繰り返し人間の手が加
えられた結果、いまの姿になったからである。……人間には
物質を創造する力はないが、物質を有用な形に加工すること
で効用を生み出すことはできる。そして人間が生み出した効
用は、その需要が増加すれば供給を増やすことができる。そ
れらには供給価格がある。しかし人間が供給をコントロール
できない効用もある。それらは自然によって与えられる量が
決まっており、それゆえ供給価格をもたない。」

　土地、労働、資本は古典派以来、経済学の三大生産要素と考え
られてきました。ここでマーシャルはその分類について述べ、資
本と土地の区別は、人間の手が加わっているか否かであるという
基準を提示しました。しかし例によってこの基準も大まかなもの
であって、はっきりと境界線が引けるわけではないことを断って
います。

*The law of or statement of tendency to Diminishing Return* may
be provisionally worded thus:

An increase in the capital and labour applied in the
cultivation of land causes *in general* a less than proportionat
increase in the amount of produce raised, unless it happens to

coincide with an improvement in the arts of agriculture. (p.150)

「収穫逓減の法則、あるいはその傾向の言明は、ひとまず次のように述べることができる。

すなわち、土地の耕作に用いられる資本と労働が増加しても、農業技術の改良がたまたま同時に起こるのでない限り、一般に、生産量は比例以下にしか増加しない。」

Diminishing Return は「**収穫逓減**」もしくは「収益逓減」と訳しますが、対象が土地の場合は「収穫逓減」がよいでしょう。unless 以下は、いかにもマーシャルらしい慎重な限定です。

Next, as to the sources of accumulation. The power to save depends on an excess of income over necessary expenditure; and this is greatest among the wealthy. In this country most of the larger incomes, but only a few of the smaller, are chiefly derived from capital. And, early in the present century, the commercial classes in England had much more saving habits than either the country gentlemen or the working classes. These causes combined to make English economists of the last generation regard savings as made almost exclusively from the profits of capital.

But even in modern England rent and the earnings of professional men and hired workers are an important source of accumulation: and they have been the chief source of it in all the earlier stages of civilization. Moreover, the middle and especially the professional classes have always denied themselves much in order to invest capital in the education of their children; while a great part of the wages of the working classes is invested in the physical health and strength of their children. The older economists took too little account of the fact that human faculties are as important a means of production as any other kind of capital; and we may conclude, in opposition to them, that any change in the distribution of wealth which gives more to the wage receivers and less to the capitalists is likely, other things being equal, to hasten the increase of material production, and that it will not perceptibly retard the storing-up of material wealth. (pp.229-230)

「次に、蓄積の源泉について述べよう。貯蓄能力は、必要な支出を所得が上回る度合いに依存する。そしてこれは富裕層において最も大きい。この国においては高額所得の大部分が主に資本からの所得であるが、少額の所得で資本に由来する部分はごくわずかである。19世紀初頭においては、イングランドの商人たちは、田舎の地主や労働者階級に比べてはるかに貯蓄する習慣があった。こうした事情があいまって、前世代のイギリスの経済学者たちは、貯蓄はほとんどすべて資本の利潤に由来すると考えた。

　しかし現代のイングランドにおいてさえ、地代や専門職および雇用労働者の稼得は、蓄積の重要な源泉である。それ

らは文明のあらゆる段階において蓄積の主要な源泉であった。さらに、中流階級、とりわけ知的職業階級は、その子どもの教育に資力を投資するためにつねに多大な節制をしてきた。他方、労働者階級の賃金の大部分は、子どもの肉体的な健康と力強さを保持するために使われている。昔の経済学者たちは、人間の能力は他のどんな種類の資本と比べても重要な生産手段であるという事実にあまりにも考慮を払わなかった。彼らとは逆に、賃金労働者の取り分を増やし、資本家の取り分を減らすような富の分配の変化は、他の事情が等しい限り、物質的生産の増大を促進するのであって、物質的富の蓄積を目に見えて遅らせるようなことはないと結論してもよいだろう。」

all the earlier stages の earlier は比較級で、modern England に比べて「より早い時期」全部、ということになります。したがって、文明の初期段階だけを指しているのではなく、現代に先立つすべての時期を対象としていると考えられます。

　これはマーシャルにしてはかなり踏み込んだ価値判断を表明している重要な文章です。所得分配の問題に関して、資本家から労働者への再分配が行われることを、生産の拡大・資本蓄積の観点から肯定しています。

　この立場は、後にピグーの**厚生経済学の第2命題**（他の事情が等しい限り、国民所得のうち貧しい人に帰属する割合が大きければ大きいほど、社会の経済的厚生は大きくなる、という命題）へと継承されました。分配が平等になればなるほど国民分配分の増加率（すなわ

ち経済成長率）は高まる、という立場です。

　これはさらに、富裕層ほど消費性向が低くなるので、所得分配が平等に近づくと**有効需要**が高まるというケインズ的な議論にもつながっていきます（ケインズ自身はこの点を特に強調しているわけではありませんが、ケインジアンのなかにはこの点に注目する人もいます）。

　こうした分配の平等を訴える主張は一見、**社会主義**的に見えますが、マーシャルもピグーもケインズも、社会主義思想からは距離をおいていました。そして基本的には市場経済の枠組みを維持したうえで、そのなかで社会改良をはかろうと考えていました。

　もう一つ注目したいのは、マーシャルが教育、および**人的資本**の重要性を随所で強調していたという点です。マーシャルは別のところでも、教育への投資は最も価値のある投資であると説いていますが、これは現代においてもあてはまるでしょう。

The sacrifice of present pleasure for the sake of future, has been called *abstinence* by economists. But this term has been misunderstood: for the greatest accumulators of wealth are very rich persons, some of whom live in luxury, and certainly do not practice abstinence in that sense of the term in which it is convertible with abstemiousness. What economists meant was that, when a person abstained from consuming anything which he had the power of consuming, with the purpose of increasing his resources in the future, his abstinence from that particular act of consumption increased the accumulation of wealth. Since, however, the term is liable to be misunderstood, we may with advantage avoid its use, and say that the accumulation of wealth is generally the result of a postponement of enjoyment, or of a *waiting* for it. Or, in other words again, it is dependent on man's *prospectiveness*; that is, his faculty of realizing the future. (pp.232-233)

「将来のために現在の喜びを犠牲にすることを、経済学者は節欲と呼んできた。しかしこの用語は誤解されてきた。富を一番多く蓄積しているのは非常に裕福な人々である。彼らのなかには贅沢に暮らしており、質素と同義語という意味では節欲を行っていない者がいる。経済学者がこの節欲という用語で意味していたのは、消費する力をもっている人が、将来の資力を増大させるために消費を控えるとき、そうした特定の消費行動を控えることで富の蓄積が増大するということであった。しかしこの用語は誤解されやすいため、使用を避け、富の蓄積は一般に楽しみの延期、あるいは待忍の結果であるという方がよいだろう。換言すれば、それは人の先見の明、すなわち将来を感じる能力に依存するのである。」

ここは節欲という用語をめぐる問題点を指摘した箇所です。「贅沢を避けて質素に暮らす」ということと「お金を貯める」ということはイコールではありません。なぜなら、富裕層は贅沢をしてもなお、十分に富を蓄積するだけの余裕があるからです。そのため、消費を控える行為を「節欲」と表現するのはあまりふさわしくないと言っています。マーシャルは、代わりに「待忍」と

いう概念を提案しています。

　このように、貯蓄概念をめぐってはいろいろと難しい問題があるのですが、後にケインズの教え子のD・H・ロバートソンは、『銀行政策と価格水準』という本のなかで貯蓄概念をさらに掘り下げ、**ラッキング**という概念を考案しました。

And similarly if a person expects, not to use his wealth himself, but to let it out on interest, the higher the rate of interest the higher his reward for saving. If the rate of interest on sound investments is 4 per cent., and he gives up £100 worth of enjoyment now, he may expect an annuity of £4 worth of enjoyment: but he can expect only £3 worth, if the rate if 3 per cent. And a fall in the rate of interest will generally lower the margin at which a person finds it just not worth while to give up present pleasures for the sake of those future pleasures that are to be secured by saving some of his means. It will therefore generally cause people to consume a little more now, and to make less provision for future enjoyment. But this rule is not without exception. (p.234)

　「同様に、人がその富を自分で使用するのではなく、有利子で貸し付けることを期待しているとして、利子率が高いほど貯蓄に対する報酬は高くなる。もし堅実な投資に対する利子率が4パーセントであり、いま100ポンド相当の喜びを放棄するならば、年4ポンド相当が期待できる。しかし利子

率が 3 パーセントになると、3 ポンド相当しか期待できない。財力の一部を貯蓄することで得られる将来の喜びのために現在の喜びをどれくらい犠牲にすべきかに関して境界があるが、利子率が低下するとこの境界は低下する。それゆえ人は一般に、現在の消費をいくらか増やし、将来の喜びへの備えをいくらか減らすだろう。しかしこの原則にも例外がないわけではない。」

annuity には年金という意味がありますが、ここでは 100 ポンド消費する代わりに投資（貸付）にまわせば得られる年間 4 パーセントのリターン、すなわち 4 ポンド分の利子収入のことを指しています。ここでは貸付 let out、堅実な投資 sound investments、貯蓄 saving どれも同じことを指しており、そのリターンが annuity です。無理に年金という訳語をあてなくても、文意を汲んだ表現にすれば問題ありません。

And a fall 以下は、そのまま訳すと「そして利子率が低下すると一般に、財力の一部を貯蓄することで得られる将来の喜びのために現在の喜びを犠牲にする価値がなくなると考える限界が低下する」と、わかりにくい文章になってしまいます。試訳は一例ですが、利子率が高ければできるだけ現在の喜びは犠牲にして貯蓄した方がよいし、低ければそうしないで今を楽しむ方がよい、そしてこの境界が低下するということは、つまり節約の恩恵が少ないので、現在の消費を増やす方がよいということです。

It is then possible that a continued fall in the rate of interest may be accompanied by a continued increase in the yearly additions to the world's capital. But none the less is it true that a fall in the distant benefits to be got by a given amount of working and waiting for the future does tend on the whole to diminish the provision which people make for the future; or in more modern phrase, that a fall in the rate of interest tends to check the accumulation of wealth. For though with man's growing command over the resources of nature, he may continue to save much even with a low rate of interest; yet while human nature remains as it is every fall in that rate is likely to cause many more people to save less than to save more than they would otherwise have done. ......

A rise in the rate of interest offered for capital, *i.e.* in the demand price for saving, tends to increase the volume of saving. For in spite of the fact that a few people who have determined to secure an income of a certain fixed amount for themselves or their family will save less with a high rate of interest than with a low rate, it is a nearly universal rule that a rise in the rate increases the *desire* to save; and it often increases the *power* to save, or rather it is often an indication of an increased efficiency of our productive resources: but the older economists went too far in suggesting that a rise of interest (or of profits) at the expense of wages always increased the power of saving: they forgot that from the national point of view the investment of wealth in the child of the working man is as productive as its investment in horses or machinery. (pp.235-236)

「利子率が継続的に低下していっても、世界の資本に毎年追加される額が増えていく、ということはあり得る。しかしそれにもかかわらず、将来のための労働と待忍の一定量によって得られる将来の便益が低下すると、人々が将来のために行う貯蓄も全体としては減少する傾向がある。より現代的な言い方をするならば、利子率の下落は富の蓄積を阻害する傾向がある。自然の資源に対する人間の支配が高まるにつれて、低金利のもとでもなお多くの貯蓄を続けるかもしれない。しかし人間性が今のまま変わらなければ、利子率が低下すれば多くの人は、そうでない場合に比べて貯蓄を増やすよりは減らすであろう。……

　資本に支払われる利子率、すなわち貯蓄に対する需要価格が上昇すると、貯蓄量は増える傾向がある。自分自身のためか家族のためにある固定額の所得を確保しようと決心している人のなかには、低金利の場合よりも高金利の場合に貯蓄を減らすものがいることは事実である。しかし利子率の上昇が貯蓄意欲を高めることは、ほぼ普遍的な原則である。また利子率の上昇はしばしば貯蓄能力を増大させる。あるいはむしろそれは我々の生産的資源の能率が上昇したことを示唆している。しかし昔の経済学者たちが、賃金を犠牲にして利子（あるいは利潤）を増やせば貯蓄能力はつねに増大すると述べたのは言い過ぎであった。彼らは、国民的観点からすれば、労働者の子弟のために富を投資することは、馬や機械に投資

するのと同様に生産的であるということを忘れていた。」

　ここではマーシャルの利子に関する考え方が表明されていま
す。ケインズは『一般理論』第14章補論で、マーシャルには利
子率に関する論理的に一貫した議論はない、と批判しています。
これについては研究者のあいだでも様々な議論があります（関心
のある方は拙著『ケンブリッジ学派のマクロ経済分析』（ミネルヴァ書房、
2007年）第7章をご参照ください）。『原理』におけるマーシャルの
利子論は第6編でも改めて論じられますが、ここではマーシャ
ルが貯蓄と利子率を結び付けている点に留意しておいてください
（ケインズ経済学では、貯蓄は所得に依存し、利子率は貨幣の需要と供給
で決まるとされており、貯蓄と利子率とのあいだには直接の関係はあり
ません）。

Before Adam Smith's book had yet found many readers,
biologists were already beginning to make great advances
towards understanding the real nature of the differences in
organization which separate the higher from the lower animals;
and before two more generations had elapsed, Malthus'
historical account of man's struggle for existence started Darwin
on that inquiry as to the effects of the struggle for existence in
the animal and vegetable world, which issued in his discovery of
the selective influence constantly played by it. Since that time
biology has more than repaid her debt; and economists have in
their turn owed much to the many profound analogies which

have been discovered between social and especially industrial organization on one side and the physical organization of the higher animals on the other. (pp.240-241)

「アダム・スミスの著書が多くの読者を獲得するようになる前から、生物学者たちは、高等動物と下等動物を区別する組織の差異の性質について、かなり理解を進めつつあった。そこから二世代も経たないうちに、人間の生存競争に関するマルサスの歴史的な説明に触発されて、ダーウィンが動植物界における生存競争の影響についてのあの研究を始めたのである。この研究によって、生存競争がたえずもたらしている自然淘汰の作用が発見された。それ以来、生物学は経済学に負っていた負債を返済して余りあるほどの功績をあげてきた。今度は経済学者の方が、社会組織、とりわけ産業組織と高等動物の身体組織のあいだに多くの重要な類似がみられるという発見から大きなヒントを得ている。」

第4編第8章からは産業組織に関する議論が展開されます。『原理』のなかでも重要な部分です。

マーシャルは、組織が労働の生産性を高めるという考え方はプラトンの時代から知られていると指摘しつつ、それに特別な意義を与えたのはアダム・スミスの分業論だと主張しています。

アダム・スミスには『道徳感情論（*The Theory of Moral Sentiments*）』と『国富論（*An Inquiry into the Nature and Causes of the Wealth of Nations*）』の2冊の著書があります。found many readers は、「広く読まれ

るようになる」などと意訳してもよいですが、ここは「多くの読者を獲得する」とそのまま訳しても日本語として十分通ります。

なお余談ですが、マーシャルはアダム・スミスに多大な敬意を払っていて、『原理』のなかでもスミスの偉業には頻繁に言及されるものの、「見えざる手」というフレーズは一度も出てきません。アダム・スミスといえば神の「見えざる手」を連想する人が多いですが（学生にスミスの印象をたずねると、たいていこう答えます）、この言葉は『国富論』第4編で一度だけ登場します。さらにいうと、これは後世になってから「発見」された言葉で、マーシャルの時代にはアダム・スミスと聞いて真っ先に「見えざる手」を連想する人はほとんどいませんでした。

and before two more generations 以下の文章は、骨格を取り出すと、「マルサスの説明が、ダーウィンの研究を開始させた」という関係ですが、ここは「マルサスの説明に触発されて、ダーウィンが……の研究を始めた」などと適宜、意訳してよいところでしょう。実際のところ、ダーウィンはマルサスからの影響を明言しています。that inquiry の that は「例の」とか「あの」といった、すでによく知られていることを匂わす言い回しです。

最後の economists have in their turn 以下は、「今度は経済学者の方が……発見された類似に多くを負っている」という構造ですが、「類似に負う」という直訳調の言い回しでは少しわかりにくいので、「類似がみられるという発見から大きなヒントを得た」と多少意訳しました。厳密に言えば両者は同じではありませんが、文章の趣旨はほぼ変わりません。

This increased subdivision of functions, or "differentiation," as it is called, manifests itself with regard to industry in such forms as the division of labour, and the development of specialized skill, knowledge and machinery: while "integration," that is, a growing intimacy and firmness of the connections between the separate parts of the industrial organism, shows itself in such forms as the increase of security of commercial credit, and of the means and habits of communication by sea and road, by railway and telegraph, by post and printing-press.

The doctrine that those organisms which are the most highly developed, in the sense in which we have just used the phrase, are those which are most likely to survive in the struggle for existence, is itself in process of development. It is not yet completely thought out either in its biological or its economic relations. But we may pass to consider the main bearings in economics of the law that the struggle for existence causes those organisms to multiply which are best fitted to derive benefit from their environment. (p.241)

　「このような機能の再分割、すなわちいわゆる「分化」は、産業に関しては、分業、特殊化された技能や知識、機械の発展というかたちで現れる。また「総合」、すなわち産業上の有機体の各部分の結びつきが緊密で堅固になると、商業上の信用の安全性が増し、海陸の交通、鉄道や電信、郵便や印刷機による移動・通信の手段や習慣が増大するというかたちで

現れる。

　いま説明したような意味における、最も高度に発展した有機体は生存競争で最も生き残りやすいという学説は、それ自身まだ発展の途上にある。その生物学的関係についても、また経済学的関係についても、まだ十分に考え抜かれたとはいえない。しかし、次の法則が経済学においてもつ主要な意味について考察することにしたい。生存競争は環境から利益をひきだすのに最も適した有機体を繁殖させるという法則である。」

　これは「分化」と「総合」というスペンサーの議論を踏まえた説明で、よく引用される文章です。マーシャルは生存中に自身の経済学体系を完成させることができなかったため、その「経済生物学」の全貌は残念ながら明らかにはされませんでしたが、ここからはその片鱗がうかがえます。

　The law requires to be interpreted carefully: for the fact that a thing is beneficial to its environment will not by itself secure its survival either in the physical or in the moral world. The law of "survival of the fittest" states that those organisms tend to survive which are best fitted to utilize the environment for their own purposes. Those that utilize the environment most, often turn out to be those that benefit those around them most; but sometimes they are injurious.

　Conversely, the struggle for survival may fail to bring into existence organisms that would be highly beneficial: and in the economic world the demand for any industrial arrangement is not certain to call forth a supply, unless it is something more than a mere desire for the arrangement, or a need for it. It must be an efficient demand; that is, it must take effect by offering adequate payment or some other benefit to those who supply it. (note) Like all other doctrines of the same class, this requires to be interpreted in the light of the fact that the effective demand of a purchaser depends on his means, as well as on his wants: a small want on the part of a rich man often has more effective force in controlling the business arrangements of the world than a great want on the part of a poor man. (p.242)

「この法則は慎重に解釈する必要がある。というのは、あるものが環境にとって有益であるという事実は、自然界においても人間の世界においても、それだけでは生存を保証するものではないからである。「適者生存」の法則によれば、自らのために環境を最もうまく利用した有機体が生き残る傾向がある。環境を最もうまく利用する有機体は、周囲のものに最も利益を与える有機体であることが多いが、時には有害な存在であることもある。

　逆に、非常に有益な有機体が生存競争に生き残れないこともあり得る。経済の世界では、産業上の取り決めに関する需要は、それがそうした取り決めに対する単なる願望や必要を超える何かでない限り、供給を呼び起こすとは限らない。そ

れは有効需要でなければならない。すなわち、供給する人々に十分な支払いをするか、その他の便益を提供するのでなければならない。

（注）この類の学説は皆そうであるが、これについても、買い手の有効需要は、その欲求だけでなくその財力にも依存しているという事実を考慮したうえで解釈される必要がある。お金持ちの小さな欲求の方が、貧しい人の大きな欲求よりも、世のビジネスを動かすうえで大きな影響力をもつことがしばしばある。」

ここでもまた physical world、moral world という表現がでてきました。25 ページで出てきたときには、文脈から供給面、需要面と解釈しましたが、今回はどうでしょうか。ここでは経済学の話をしているわけではなく、生物学の議論ですので、機械的に前回と同じ訳語をあてるわけにはいきません。文脈から判断すると physical world は「自然界」でしょう。moral world はそれと対になるものと考えるならば、人間の世界と解釈できます。

産業上の arrangement という表現がでてきますが、この arrangement という単語は多くの意味をもっており、辞書には「準備、配列、合意」などといった意味が掲載されています。どの訳語をあてるか難しいところです。ここでは悩んだ末「取り決め」と訳してみましたが、もっとよい表現があるかもしれません。

Like all other doctrines of the same class は、そのまま訳せば「同じ種類のすべての他の学説と同様」となりますが、少々ぎこちないので、「この類の学説は皆そうであるが」と軽く訳してみ

ました。営利企業である限り、投資判断は、欲求の強さよりもお金になるかどうかが重視されるという冷徹な現実をマーシャルは観察しています。最後の business arrangements の arrangements はあえて訳さず、全部まとめて「ビジネス」とだけ表記することで、日本語として自然な感じがでるように思います。

> It is a difficult and unsettled question how far specialization should be carried in the highest branches of work. In Science it seems to be a sound rule that the area of study should be broad during youth, and should gradually be narrowed as years go on. A medical man who has always given his attention exclusively to one class of diseases, may perhaps give less wise advice even in his special subject than another who, having learnt by wider experience to think of those diseases in relation to general health, gradually concentrates his study more and more on them, and accumulates a vast store of special experiences and subtle instincts. (p.253)

　「最高峰の仕事において、どの程度まで専門化を進めるべきかは、未解決の難問である。科学においては、若いうちは幅広い領域を研究し、歳をとるにつれて徐々に狭めていくのが健全な方法であるように思われる。つねにもっぱら一種類の病気にのみ注力してきた医師はおそらく、次のような医師に比べて、自身の専門の病気についてさえ、よい診断をすることができないかもしれない。すなわち、広範な経験に基づく

教訓からその病気を健康全般との関係において考え、研究を徐々にその病気に集中していき、莫大な量の特殊な経験と鋭い直観を蓄積させているような医師である。」

　これは専門分野への特化をどの程度まで行うかに関する興味深い議論です。歴史に名をのこした偉大な経済学者の多くは、様々な分野に精通した学識豊かな教養人でした。

　J・S・ミルはその『自伝』のなかで people who knew nothing but political economy (and therefore knew that ill)「経済学だけしか知らぬ者（したがって実は経済学をロクに知らぬ者）」（朱牟田夏雄訳）などと評しています。ケインズも有名なマーシャル伝のなかで、優れた経済学者の資質として、He must be a mathematician, historian, statesman, philosopher — in some degree.「彼はある程度まで、数学者で、歴史家で、政治家で、哲学者でなければならない」（大野忠男訳）と述べています。

　専門家は、どうしてもある程度狭い領域に特化して集中的に研究せざるを得ない面がありますが、その場合でも、自分の専門分野だけしか知らない視野狭窄な研究姿勢では、大局が見えなくなる可能性があります。経済学は、とくに現実の様々な分野と関わりが深いため、経済学者には幅広い知識が要求されます。ケインズにとって、その理想像に最も近い経済学者がマーシャルでした。

　なお、大学の教育課程では、最初に教養科目を幅広く学び、その後、専門課程へと進んでいくのが一般的ですが、それはまさにマーシャルが推奨している学び方に他なりません。

We may divide the economies arising from an increase in the scale of production of any kind of goods, into two classes — firstly, those dependent on the general development of the industry; and, secondly, those dependent on the resources of the individual houses of business engaged in it, on their organization and the efficiency of their management. We may call the former *external economies*, and the latter *internal economies*. ...... we now proceed to examine those very important external economies which can often be secured by the concentration of many small businesses of a similar character in particular localities: or, as is commonly said, by the localization of industry. (p.266)

「任意の種類の財の生産規模の増大から生じる経済を二つの種類に分類することができる。第一は産業全体の発展に依存する経済であり、第二は個別企業の資源、その組織、そしてその経営効率に依存する経済である。前者を外部経済、後者を内部経済と呼ぶことにしよう。……次に、非常に重要な外部経済の検討に進もう。これは、特定地域に似たような性質をもつ小企業が多数集結すること、すなわち通例、産業の地域的集中化と呼ばれているものによって確保されることが多い。」

ここでは**外部経済**と**内部経済**が定義されています。この**外部性**の概念は、マーシャルが現代経済学に遺した遺産のなかでもと

りわけ重要なものといえるでしょう。なお、ここでいう「経済economies」とは生産性上昇のことを意味しています。かつては「節約」と訳されることもありました。少し古い時代の文献では「外部節約」「内部節約」などと表記しているものもあります。外部経済は、その生産性上昇がその企業の外部環境に起因するケースであり、内部経済は、生産性上昇がその企業内部の要因に起因するケースです。

また、プラスの影響の場合を外部経済、マイナスの影響の場合を**外部不経済**と呼び、両方合わせて外部性といいます。外部性が存在すると、市場メカニズムが必ずしも効率的な資源配分をもたらさないことがあります。その意味で、**市場の失敗**をめぐる議論はマーシャルから始まったといってよいでしょう。それを考えると、ケインズ以前の「古典派」が市場メカニズムを盲信していたという通俗的解釈には根拠がないことがわかります。

individual houses of business engaged in it は、そのまま訳すと「それ（その産業）に従事する個別企業」ですが、「産業に従事する」とはあまり言いませんので、少し工夫したいところです。意味としてはその産業に属する個別企業ですが、ここでもやはりすべての英単語に逐語的に日本語をあてるとまわりくどい表現になってしまうので、あえて訳さないのも手です。単に「個別企業」とだけ訳しても、それがその産業に属するものであることは文脈から明らかだからです。

最後の文章は少し長いので、which can 以下を区切って訳しました。

When an industry has thus chosen a locality for itself, it is likely to stay there long: so great are the advantages which people following the same skilled trade get from near neighbourhood to one another. The mysteries of the trade become no mysteries; but are as it were in the air, and children learn many of them unconsciously. Good work is rightly appreciated, inventions and improvements in machinery, in processes and the general organization of the business have their merits promptly discussed: if one man starts a new idea, it is taken up by others and combined with suggestions of their own; and thus it becomes the source of further new ideas. And presently subsidiary trades grow up in the neighbourhood, supplying it with implements and materials, organizing its traffic, and in many ways conducing to the economy of its material.

Again, the economic use of expensive machinery can sometimes be attained in a very high degree in a district in which there is a large aggregate production of the same kind, even though no individual capital employed in the trade be very large. For subsidiary industries devoting themselves each to one small branch of the process of production, and working it for a great many of their neighbours, are able to keep in constant use machinery of the most highly specialized character, and to make it pay its expenses, though its original cost may have been high, and its rate of depreciation very rapid.

Again, in all but the earliest stages of economic development a localized industry gains a great advantage from the fact that it offers a constant market for skill. Employers are apt to resort to any place where they are likely to find a good choice of workers with the special skill which they require; while men seeking employment naturally go to places where there are many employers who need such skill as theirs and where therefore it is likely to find a good market. (p.271)

「ある産業がその立地を選ぶと、長くそこにとどまる傾向がある。同じ技能を必要とする職種に従事する人々が互いに近隣から得る利益は非常に大きいからである。その業界の秘密はもはや秘密ではなくなり、いわば空気のように広く流布し、子どもたちは知らず識らずのうちにその多くを身につけてしまう。優れた仕事は正しく評価され、機械、工程、事業の一般的組織における発明や改良は、その長所がただちに議論される。誰かが新しいことを始めると、他の人々もこれをとりあげ、彼ら自身の考えと組み合わされ、さらに新しいアイデアの源泉となる。やがて補助産業が近隣に育ち、道具や原料を供給し、輸送を組織し、多くの方法で原料の節約に貢献する。

　また、同じ種類の生産物が全体として大量につくられる地域では、その業種の個々の資本はそれほど大規模なものでなくても、高価な機械が非常に経済的に利用されることがある。生産過程のごく小さな一部分を担い、近隣の多くの企業を相

手に生産している補助産業は、きわめて高度に特殊化された機械をたえず稼働させることができるので、たとえその機械の導入費用が高く減価償却の耐用年数が短かったとしても、その費用をまかなうことができる。

　また、経済発展の最初期の段階を除けばつねに、地域特化した産業は、技能に対する絶え間ない市場を提供するという事実から大きな利益を得ている。雇い主は、必要とする特殊技能をもった労働者をみつけられるところにやってくる傾向がある。また職を探している人々は、彼らのもつ技能を必要としている雇い主が大勢おり、好条件の仕事をみつけられるような場所に自然と集まってくる。」

　少し長いですが、マーシャルが**産業集積**の利点について述べている有名な文章です。ここでマーシャルは産業が集積する理由として、情報が共有され、互いに刺激を与え合うこと、近隣に補助産業（部品や原料を供給する企業）が集まり、輸送費が節約できること、特殊な技能をもつ人材が集まりやすいこと、の3点を挙げています。これはいまでも通用する議論です。現代であれば、カリフォルニアのシリコン・バレーにIT産業やIT関係の技術者が集まっているケースがその代表例でしょう。

　産業以外でもこのような事例はみられます。例えば、勉強を頑張りたい子が進学校に通うメリットとして、周囲に同じ目的をもって頑張っている子がたくさんいるので、それがよい刺激となって競い合ったり情報交換したりすることができる、という点が挙げられます。人間は多かれ少なかれ周囲の環境から何らかの

影響を受けるものであり、これなども外部性の例であるといえるでしょう。

　最後の find a good market「よい市場をみつける」とは、技術者にとって、よい条件で雇ってもらえる市場ということです。試訳では「好条件の仕事をみつける」としてみました。

Passing away from this illustration of the action of modern forces on the geographical distribution of industries, we will resume our inquiry as to how far the full economies of division of labour can be obtained by the concentration of large numbers of small businesses of a similar kind in the same locality; and how far they are attainable only by the aggregation of a large part of the business of the country into the hands of a comparatively small number of rich and powerful firms, or, as is commonly said, by production on a large scale; or, in other words, how far the economies of production on a large scale must needs be *internal*, and how far they can be *external*. (p.277)

　「現代的な力が産業の地理的分布に及ぼした影響の例証についてはこれくらいにしておき、次のような問題に再び取り組むことにしよう。すなわち、分業の経済全体は、同一地域に同種の小企業が多数集積することによってどの程度まで得られるか。また、一国の産業の大部分が比較的少数の資金力のある強力な企業の手に集中することによって、あるいはよく

言われる言い方をすると、大規模生産によって、どの程度達成されるのか。換言すれば、大規模生産の経済はどの程度まで内部的でなければならないか、またどの程度まで外部的であり得るか。こういった問題である。」

このパラグラフは、特殊化された産業の特定地域への集中を論じた第4編第10章の最後にでてくるものです。

前の文脈を確認しないことには modern forces が何を指しているのか、この文章だけから判断することはできませんが、ここでは近代における交通手段の発達を意味しています。

そしてこの文章は、次の第11章で扱うテーマを予告していますが、そこでは大規模生産にまつわる重要な議論がたくさん登場します。

In spite of the aid which subsidiary industries can give to small manufactures, where many in the same branch of trade are collected in one neighbourhood, they are still placed under a great disadvantage by the growing variety and expensiveness of machinery. For in a large establishment there are often many expensive machines each made specially for one small use. Each of them requires space in a good light, and thus stands for something considerable in the rent and general expenses of the factory; and independently of interest and the expense of keeping it in repair, a heavy allowance must be made for depreciation in consequence of its being probably improved upon before long. A small manufacturer must therefore have many things done by hand or by imperfect machinery, though he knows how to have them done better and cheaper by special machinery, if only he could find constant employment for it. (note) The average time which a machine will last before being superseded is in many trades not more than fifteen years, while in some it is ten years or even less. There is often a loss on the use of a machine unless it earns every year twenty per cent. on its cost; and when the operation performed by such a machine costing £500 adds only a hundredth part to the value of the material that passes through it — and this is not an extreme case — there will be a loss on its use unless it can be applied in producing at least £10000 worth of goods annually. (pp.279-280)

　「同一産業が一つの地域に集積している場合、小規模の製造業者でも補助産業から援助を受けることができる。それでも機械はますます多様化し高価になりつつあるため、かなり不利な状況に置かれている。大企業では高価な機械がたくさん設置されており、それぞれが特定の用途のために特別につくられていることが多い。どの機械にも明るく光の当たる空間を用意する必要があり、工場の地代と一般経費も相当な額になる。利子や修繕費を別としても、どの機械もおそらく遠からず改良されていくため、減価償却にかかる引当金を多く計上しておかなければならない。それゆえ小規模の製造業者は、

多くの作業を手作業でやるか不完全な機械に委ねざるを得ない。特定の機械を使えばよりうまくより安くできるとわかっていても、絶え間なく操業するだけの仕事量がない以上、仕方のないことである。

（注）機械が新型に取って代わられるまでに経過する平均年数は、せいぜい15年という業種が多い。なかには10年、あるいはもっと短い業種もある。導入費に対して毎年20パーセント相当を稼げなければ、機械を用いても損失が出ることがある。例えば導入に500ポンドかかる機械を用いて行われる作業が、原料の価値に1パーセントの付加価値を加えるとすると――これは極端なケースではない――これを使って毎年少なくとも1万ポンド分の製品をつくれなければ、損失を招くであろう。」

　文章の意味は比較的とりやすい英文ですが、逐語訳だとなかなかうまくいかないため、文意を汲んで自然な訳文を心がけたいところです。A small manufacturer must 以下は、「それゆえ小規模の製造業者は、絶え間なく操業するだけの仕事量があれば、特定の機械を使えばよりうまくより安くできるとわかっていても、多くの作業を手作業でやるか不完全な機械に委ねざるを得ない。」と訳しても問題ありませんが、前から順に訳すと試訳のようになります。その場合、if only の訳語で一工夫することになります。

　注では投資の回収期間の話をしています。マーシャルが挙げている例では、5年間と想定されています。500ポンドかけて導入した機械で毎年1万ポンド分の生産を行うと、年間100ポンド

分の付加価値が生み出されるので、導入費用は5年で回収できるという計算です。初期投資が何年で回収できるかという見通しは、設備投資を考える上で大切な要素です。

A large business buys in great quantities and therefore cheaply; it pays low freights and saves on carriage in many ways, particularly if it has a railway siding. It often sells in large quantities, and thus saves itself trouble; and yet at the same time it gets a good price, because it offers conveniences to the customer by having a large stock from which he can select and at once fill up a varied order; while its reputation gives him confidence. It can spend large sums on advertising by commercial travelers and in other ways; its agents give it trustworthy information on trade and personal matters in distant places, and its own goods advertise one another. (p.282)

「〔小売〕大手企業は大量に購入するため、安く仕入れることができる。支払う運賃は安く、様々な方法で輸送費を節約できる。鉄道の側線をもっている場合には特にそうである。大量に販売することで手間が省けると同時に、高値で売れる。というのも、大きな在庫をもっていて顧客はそこから選ぶことができるし、様々な注文を一度に引き受けられるため、顧客に便宜を提供できるからである。またその評判によって顧客の信頼を得ることができる。大手企業は訪問販売員やその他の手段で宣伝に多額の資金をかけることができる。代理店

は遠隔地の商売事情や個人的事柄に関する信頼できる情報を提供してくれる。その商品が売れると次の売り上げにつながる。」

　短い文章の積み重ねで、It が何度もでてきますが、これはすべて最初の large business を指しています。毎回律義に「それは」と訳すと煩雑になってしまうので、訳文では主語は適宜省略するのがよいでしょう。large business は一般的には大企業のことですが、このパラグラフに関して言うと、製造は行わず仕入れたものを販売する小売業の大手のことを指していると考えられます。

　品揃えがよく大きな在庫をもっている店は、顧客にとって使い勝手が良いため、それ自体が強みになります。its own goods advertise one another は、大手企業は品揃えが豊富で、そこで商品を買って満足した顧客は次もまたそこの商品を買うようになる、ということを意味していると考えられます。「その商品は互いにその宣伝になっている」と素直に訳してわかりにくければ、意をくんで「その商品が売れると次の売り上げにつながる」などと意訳してもよいでしょう。

The head of a large business can reserve all his strength for the broadest and most fundamental problems of his trade: he must indeed assure himself that his managers, clerks and foremen are the right men for their work, and are doing their work well; but beyond this he need not trouble himself much about details. He can keep his mind fresh and clear for thinking out the most difficult and vital problems of his business; for studying the broader movements of the markets, the yet undeveloped results of current events at home and abroad; and for contriving how to improve the organization of the internal and external relations of his business.

For much of this work the small employer has not the time if he has the ability; he cannot take so broad a survey of his trade, or look so far ahead; he must often be content to follow the lead of others. And he must spend much of his time on work that is below him; for if he is to succeed at all, his mind must be in some respects of a high quality, and must have a good deal of originating and organizing force; and yet he must do much routine work. (p.284)

「大企業のトップはその仕事のうち最も大局的かつ根本的な問題に全力を注ぐことができる。管理職、事務職員、そして現場監督がその仕事にふさわしい人物であり、職務をきちんと遂行しているかどうかを確認する必要はあるが、それ以上の細かいことを気にかける必要はない。心を新鮮かつ明晰に保つことで、その事業の最も難しく重要な問題を熟考することができる。また、市場のより広範な動きや、いま内外で起こっている出来事がこの先どうなるかを研究し、その企業の内外の組織を改善する方法を考案することができる。

　小規模の雇用主は、この種の仕事の多くについて、遂行する能力があったとしても時間をもちあわせていない。その業

種について広範囲にわたる調査をすることもできないし、遠い将来を見通すこともできない。他者のやることに追随することで満足しなければならないことも多い。自分がやるまでもないような仕事にも多くの時間をとられてしまう。成功を収めるためには、いくつもの点でその精神は高潔でなければならず、高い独創性と組織力を備えていなければならないが、定型的な作業もたくさんやらざるを得ないのである。」

He can keep 以下の文章は、problems of his business までであれば、「その事業の最も難しく重要な問題を熟考するために心を新鮮かつ明晰に保つことができる」と構文通りに訳せばよいのですが、セミコロンの後に for ......ing という表現が 2 つ続いています。これらを for thinking out と並列の関係と考えるならば、「心を新鮮かつ明晰に保つ」のは、for 以下の 3 つのことをするためと解釈することができます。訳文も、それを踏まえた工夫をする必要があるでしょう。he must spend much of his time on work that is below him は、零細企業の経営者は、大企業の経営者であれば自分でやるまでもない（部下に任せられる）仕事を自分でやらざるを得ないことを指しています。mind が high quality でなければならないという表現も訳しにくいところですが、試訳では「精神が高潔」としてみました。ここでも he が何度も出てきますが、毎回「彼は」と訳すのは煩雑なので、適宜省略しています。このあたりは、日本語の感覚を大切にしたいところです。

And though he must always remain at a great disadvantage

in getting information and in making experiments, yet in this matter the general course of progress is on his side. For External economies are constantly growing in importance relatively to Internal in all matters of Trade-Knowledge: newspapers, and trade and technical publications of all kinds are perpetually scouting for him and bringing him much of the knowledge he wants — knowledge which a little while ago would have been beyond the reach of anyone who could not afford to have well-paid agents in many distant places. Again, it is to his interest also that the secrecy of business is on the whole diminishing, and that the most important improvements in method seldom remain secret for long after they have passed from the experimental stage. …… Although therefore the small manufacturer can seldom be in the front of the race of progress, he need not be far from it, if he has the time and the ability for availing himself of the modern facilities for obtaining knowledge. (pp.284-285)

　「小規模の雇用主は情報を入手し、実験を行うという点で、つねに非常に不利な立場に立たされているが、この点に関する一般情勢では、近年、彼に追い風が吹いている。営業に関する知識全般において、内部経済に比べて外部経済の重要性が絶えず増大しつつあるからである。新聞、あらゆる種類の業界紙、専門的刊行物は、彼の欲している知識の多くを探し回って手許に届けてくれる。こうした知識は、少し前までは、

多くの遠隔地に高給を払って代理人を置いておく余裕のある
ものでなければ、手の届かないものであった。さらに、企業
の秘密が全体として減少しつつあること、また、方法上の
最も重要な改良が、その実験段階を過ぎた後も長いあいだ秘
密のままにされていることは滅多にないことも、彼にとって
は有利である。……それゆえ、小規模の製造業者が進歩の最
先端を走ることは稀ではあるが、知識を獲得する現代的な便
宜を活用する時間と能力があれば、そう遅れをとることもな
い。」

これまでは大規模事業主の優位性が論じられてきましたが、こ
こでは小規模事業主にとって好材料となる要素が指摘されていま
す。マーシャルは内部経済と外部経済という画期的なアイデア
を考案したわけですが、やや持て余していたふしがあります。と
いうのも、『原理』第8版の出た1920年頃のアメリカでは大量
生産・大量消費の時代が到来しつつありましたが、マーシャル
が『原理』で描いている世界は、それより少し古い時代の、中小
企業がそれなりに存在感をもち、適度に競争している社会だった
からです。そのようなところで内部経済を強調してしまうと、理
論的には、それを享受した一番生産性の高い企業がライバルを淘
汰してしまい、寡占、ひいては独占にならざるを得ないからです
（この点は第5編で再び登場する重要な論点です）。

　井上義朗氏は、『原理』で想定されている典型的企業は個人・
合名・合資会社形態であったこと、その場合、管理能力限界による
企業規模制約から逃れることは困難であり、市場構造の集中

化も事前に抑制されることになる点を指摘しています（井上義朗『市場経済学の源流』中公新書、1993年）。

　晩年のマーシャルは時代の変化、巨大株式会社が主役となる時代の到来をある程度、肌で感じ取ってはいましたが、理論体系を一から作り替えるには、あまりにも歳をとり過ぎていました。その仕事は後継世代に託されることになります。

The rise of his firm may be prolonged if he can hand down his business to a successor almost as energetic as himself. But the continued very rapid growth of his firm requires the presence of two conditions which are seldom combined in the same industry. There are many trades in which an individual producer could secure much increased "internal" economies by a great increase of his output; and there are many in which he could market that output easily; yet there are few in which he could do both. (p.286)

　「彼がその事業を自身と同じくらい精力的な後継者に委ねることができれば、その企業の躍進はまだ続くかもしれない。しかし企業が引き続き非常に急速に成長するためには2つの条件が必要であり、同一産業でその両方ともが満たされることは滅多にない。個々の生産者が生産量を大幅に増やすことによって非常に大きな「内部」経済を確保できる業種はたくさんある。その生産物を容易に販売できる業種もたくさんある。しかし両方を同時に備えている業種はほとんどない。」

マーシャルは企業を発展させ、存続させていくことの難しさを論じています。

　企業の栄枯盛衰については、現代についてもいえることです。世界の株式会社の時価総額ランキングをみると、30年ほど前には上位にNTTや邦銀をはじめとして、日本企業がずらりと並んでいました。バブル経済で企業価値が過大評価されている部分があったことを差し引いたとしても、現在とは大きく様変わりしています。Amazon.comやAlphabet（Google）、Facebookなど、現在、上位にランクインしている有名企業のなかには、当時まだ存在していなかったものがたくさんあります。

　　Lastly, the very conditions of an industry which enable a new firm to attain quickly command over new economies of production, render that firm liable to be supplanted quickly by still younger firms with yet newer methods. Especially where the powerful economies of production on a large scale are associated with the use of new appliances and new methods, a firm which has lost the exceptional energy which enable it to rise, is likely ere long quickly to decay; and the full life of a large firm seldom lasts very long. (p.287)

　「最後に、産業の状況によっては、新興企業が新しい生産の経済を急速に獲得することが可能であるが、それは、さらに新しい方法を取り入れたもっと若い企業がでてきたら、すぐ

にそれに取って代わられてしまうということを意味している。特に、大規模生産の強力な経済が新しい設備や新しい方法と結びついているところでは、並外れた活力でのし上がってきた企業がそれを失ってしまった場合、ほどなく急速に凋落していく傾向がある。大企業の全盛期が長く続くことはめったにないのである。」

最初の文章は、受験生風に直訳すると「最後に、新興企業が新しい生産の経済を急速に獲得することを可能にするまさにその産業の条件が、その企業をして、さらに新しい方法を取り入れたもっと若い企業によってすぐに取って代わられやすくしている」とでもなりますが、さすがにこれでは読みにくいため、工夫が必要です。試訳では、まず conditions of an industry …… new economies of production でひとつのかたまりとして把握し、「産業の状況によっては、新興企業が新しい生産の経済を急速に獲得することが可能である」と訳しておいて、それに続けるかたちで以下につなげました。まさにその条件こそが、render that firm liable to be supplanted だというのですね。新しいやり方を取り入れることで急成長できる場合があるけれども、それは、他の企業とて同じことだというわけです。

…the manufacturer who makes goods not to meet special orders but for the general market, must, in his first rôle as merchant and organizer of production, have a thorough knowledge of *things* in his own trade. He must have the power of forecasting the broad movements of production and consumption, of seeing where there is an opportunity for supplying a new commodity that will meet a real want or improving the plan of producing an old commodity. He must be able to judge cautiously and undertake risks boldly; and he must of course understand the materials and machinery used in his trade.

But secondly in this rôle of employer he must be a natural lead of *men*. He must have a power of first choosing his assistants rightly and then trusting them fully; of interesting them in the business and of getting them to trust him, so as to bring out whatever enterprise and power of origination there is in them; while he himself exercises a general control over everything, and preserves order and unity in the main plan of the business. (pp.297-298)

　「製造業者は、もし特別な注文に応じてではなく、一般市場向けに財を生産するのであれば、商人および生産を組織する者として、第一に、自分の業種で扱う・も・のについて徹底した知識をもっていなければならない。生産と消費の広範な動向を予測する力をもち、真の欲求に応える新商品を提供し、旧来の商品の生産計画を改善する機会がどこにあるかを見極める力をもっていなければならない。慎重に判断し、大胆にリスクを負うことができなくてはならない。自身の業種で用いられる素材や機械についてはもちろん理解していなければな

らない。

　しかし第二に、雇い主としては、人間の天性の指導者でなければならない。まず自分を補佐してくれる人々を正しく選び、彼らを全面的に信頼する才覚を備えていなければならない。彼らに事業に興味をもたせ、その信頼を得る能力も必要である。そうすることで彼らの内に秘められている企業心や創造力を引き出すことができる。一方、自身はといえば、全体を統率し、事業の中心計画における秩序と統一を維持しなければならない。」

　この部分は、優れた企業家、経営者に求められる資質について論じた箇所ですが、he が何度も出てきます。ここでも律義に「彼は……、彼は……」と毎回訳していては煩雑になりますので、省略するのが相場です。

　二つ目の文章は、つながりがわかりにくくなっています。the power は of forecasting と of seeing の二つを指していて、supplying と improving が並列で opportunity にかかっていると考えられます。最後の improving も the power の内容と考えるには of が必要ですが、of がついていないため、上のように解釈しました。

　二つ目のパラグラフの二文目にも He must have a power of という表現がでてきます。こちらは of choosing, of interesting, of getting の三つにかかっています。

　　The same may be said of the undertakings of Governments imperial and local: they also may have a great future before them, but up to the present time the tax-payer who undertakes the ultimate risks has not generally succeeded in exercising an efficient control over the businesses, and in securing officers who will do their work with as much energy and enterprise as is shown in private establishments.

The problems of large joint-stock company administration, as well as of Governmental business, involve however many complex issues into which we cannot enter here. They are urgent, because very large businesses have recently increased fast, though perhaps not quite so fast as is commonly supposed. The change has been brought about chiefly by the development of processes and methods in manufacture and mining, in transport and banking, which are beyond the reach of any but very large capitals; and by the increase in the scope and functions of markets, and in the technical facilities for handling large masses of goods. The democratic element in Governmental enterprise was at first almost wholly vivifying: but experience shows creative ideas and experiments in business technique, and in business organization, to be very rare in Governmental undertakings, and not very common in private enterprises which have drifted towards bureaucratic methods as the result of their great age and large size. A new danger is thus threatened by the narrowing of the field of industry which is open to the vigorous initiative of smaller businesses. (p.304)

「同じことは中央政府や地方政府の事業についてもいえる。それらにも偉大な未来があるかもしれない。しかしこれまでのところ、最終的なリスクを負う納税者がそれらの事業に有効な支配を及ぼすことはできていないし、民間企業でみられるような活力と進取の気性をもって仕事をする役人を確保することにも成功していない。

　大株式会社や政府企業の運営には多くの複雑な問題があり、ここでは立ち入ることはできない。これらは差し迫った問題である。なぜなら、非常に大きな企業が（おそらく一般に考えられているほど急速ではないが）急速に増加しているからである。大企業が増えてきた原因は、主に、製造業や鉱業、運輸業や銀行業において工程や方法が発展し、きわめて大規模な資本がないとやっていけなくなったことであり、また、市場の範囲や機能が拡大し、大量の財を扱うのが技術的に便利になったことである。政府企業には一見、甚だ活気にあふれた民主的要素があるようにみえる。しかし経験の示すところでは、事業のやり方や事業の組織に関して、創造的なアイデアや実験が政府企業においてみられることはきわめて稀である。民間企業でも、社歴を重ね規模が大きくなって官僚制的な方法へと流されてしまったところでは、そうそうみられるものではない。より小さな企業の活発な創造性が発揮できる産業分野が縮小していくことによって、新たな危険が生じている。」

マーシャルは公的企業が主導する事業の効率性について、懐疑

的な見方をしていました。これは彼の社会主義批判にも通じる論点ですが、そうした企業では官僚主義的弊害が色濃くあらわれるようになり、柔軟な発想、創造的な試みを気軽に試すことは困難になるというのがその理由です。先例がないという理由で有望な企画を退けられたり、一度動き出したプロジェクトが失敗と判明した後でも立案者のメンツのために撤退が認められなかったり、といったことは現代でもありそうなことです。

　企業規模の拡大傾向については、既に述べたように、マーシャルは事実としてそれを認識しつつありましたが、それにあわせて自身の理論体系を一から再構築することはありませんでした。joint-stock company については次の文章で解説します。

But here we may read a lesson from the young trees of the forest as they struggle upwards through the benumbing shade of their older rivals. Many succumb on the way, and a few only survive; those few become stronger with every year, they get a larger share of light and air with every increase of their height, and at last in their turn they tower above their neighbours, and seem as though they would grow on for ever, and for ever become stronger as they grow. But they do not. One tree will last longer in full vigour and attain a greater size than another; but sooner or later age tells on them all. Though the taller ones have a better access to light and air than their rivals, they gradually lose vitality; and one after another they give place to others, which, though of less material strength, have on their side the vigour of youth.

And as with the growth of trees, so was it with the growth of business as a general rule before the great recent development of vast joint-stock companies, which often stagnate, but do not readily die. Now that rule is far from universal, but it still holds in many industries and trades. Nature still presses on the private business by limiting the length of the life of its original founders, and by limiting even more narrowly that part of their lives in which their faculties retain full vigour. And so, after a while, the guidance of the business falls into the hands of people with less energy and less creative genius, if not with less active interest in its prosperity. If it is turned into a joint-stock company, it may retain the advantages of division of labour, of specialized skill and machinery: it may even increase them by a further increase of its capital; and under favourable conditions it may secure a permanent and prominent place in the work of production. But it is likely to have lost so much of its elasticity and progressive force, that the advantages are no longer exclusively on its side in its competition with younger and smaller rivals. (pp.315-316)


「しかしここで森の若い木々から教訓を得ることができる。若い木々は、古い木々に光を遮られながらも陰から伸びていこうと苦闘する。多くは途中で屈服し、生き残るものはわずかである。生き残った木は年を重ねるごとに強くなり、高さ

が増すにつれてより多くの日光と空気を享受する。ついには周囲の木々よりも高くそびえ、まるで永遠に伸び続け、伸びるにつれて際限なく強くなっていくかのように思われる。しかしそのようなことにはならない。なかには他のものに比べ最盛期を長く保ち、より大きく育つものもあるが、遅かれ早かれ、老いがものをいうようになる。高い木は競争相手よりも日光や空気をより多く享受できるが、徐々に活力を失っていく。物的な力では劣っていても若く活力を備えた他の木々に次々と取って代わられることになる。

　木々の成長についてと同様に、企業の成長も、巨大株式会社が近年大きく発展してくるまでは、概ねこのような経過をたどっていた。巨大株式会社は、停滞することはあっても簡単に死滅することはない。木々の成長についていえる法則は、いまでは普遍的とはいえなくなっているが、それでもなお多くの産業と商業においてあてはまる。民間企業は、創業者の寿命が限られていることによって、さらに彼らが活力を完全に保っていられる期間が限られていることによって、自然の圧力にさらされている。それゆえ、しばらくすると、事業の主導権は、企業の繁栄に積極的興味をもつ点では劣らないにしても、精力や創造的な才では劣る人々の手に移っていく。株式会社になれば、分業の利益、すなわち特化した技能と機械を利用できるメリットを享受できる。資本がさらに増えればこの利益はいっそう増加するかもしれない。そして有利な条件のもとでは、生産分野で永続的かつ卓越した地位を確保できるかもしれない。しかし順応性と進取の気性の多くを失

いやすく、そうなるとより若く小規模なライバルたちとの競争において、その利点はもはや自分たちだけのものではなくなってしまう。」

　Joint-Stock Company は、辞書では「株式会社」という訳語があてられていますが、これを何と訳すべきかは、実はかなり難しい問題です。

　マーシャルの時代のイギリスで支配的であった企業形態は、個人・合名ないし同族内での合資会社で、これらのことを Joint-Stock Company と呼んでいました（井上義朗『市場経済学の源流』、中公新書、1993 年、p.87）。また、マーティン・ドーントンによると、19 世紀イギリスの産業経済は家族やパートナーシップといった小さな単位が支配的で、有限責任制の株式会社になることが可能になったのは 1856 年のことです。その時でさえ、株式会社の利点を生かそうとした企業は鉄道、水道やガスなどの公共事業、保険会社、銀行くらいでした（コリン・マシュー編『オックスフォード　ブリテン諸島の歴史 9　19 世紀　1815 年－1901 年』、鶴島博和監修・君塚直隆監訳、慶応義塾大学出版会、2009 年、p.102）。

　オックスフォード現代英英辞典（第 10 版）では、joint-stock company は、"a company that is owned by all the people who have shares in it" と説明されており、limited liability company は "a private company whose owners only have to pay its debts up to the amount they invested in the company" と説明されています。

　このようにマーシャルの議論にでてくる Joint-Stock Company を訳す際には注意が必要ですが、ここではあえて「株式会社」と

訳すことにしました。理由は二つあります。

　第一に、この文章は、1910年の『原理』第6版以降付け加えられたものであり、「近年大きく発展してきた」、「巨大」と限定がなされていますので、イギリスの伝統的な会社制度を指しているわけではないこと、第二に、文脈的に、マーシャルは企業の成長を木々の成長にたとえることができると考えていますが、巨大 Joint-Stock Company が発展してきてからはその限りではない、と述べていること、以上から、ここでの Joint-Stock Company は19世紀のイギリスで一般的であった会社制度とは別のものを念頭においていると判断できます。もちろん、あえて片仮名でジョイント・ストック・カンパニーと訳すのも一案ですが、一般の読者には馴染みがなく、わかりづらいかもしれません。

　なお、現実には、株式会社といえども永続することはおろか、数十年生き延びることさえ容易ではありません。ましてやその最盛期が長く続く企業などは、本当にごくわずかです。そういう意味では、企業の栄枯盛衰を木々のそれになぞらえたマーシャルの発想は、株式会社制度が支配的となっている現代でも、妥当するといえるでしょう。近年では経済を取り巻く環境が急速に変化しつつあり、会社が長く生き延びることはますます大変になっています。

　Nature presses on the private business の部分は、そのまま訳すと「自然が民間企業に圧力をかける」となりますが、試訳では、民間企業を主語のように読み替えて、「自然の圧力にさらされている」と受け身風に訳してみました。ここでいう自然の圧力とは、端的に言えば、老いのことです。

We shall have to analyse carefully the normal cost of producing a commodity, relatively to a given aggregate volume of production; and for this purpose we shall have to study *the expenses of a representative producer* for that aggregate volume. …… But our representative firm must be one which has had a fairly long life, and fair success, which is managed with normal ability, and which have normal access to the economies, external and internal, which belong to that aggregate volume of production; account being taken of the class of goods produced, the conditions of marketing them and the economic environment generally. (p.317)

　「我々は商品を生産する正常な費用を、ある与えられた生産総量に関して慎重に分析しなければならない。そのためには、その集計量に対応する代表的生産者の経費を研究しなければならない。……我々の代表的企業は、かなり長命で、かなりの成功をおさめ、正常な手腕をもって経営され、生産総量に見合った外部経済と内部経済を正常に享受している企業でなければならない。生産される財の種類、それらを販売する条件、そして経済環境一般を考慮することも必要である。」

　マーシャルは分析にあたって**代表的企業**という概念を考案しました。これについては第5編で再び登場するので、そこで改めて触れます。

In other words, we say broadly that while the part which nature plays in production shows a tendency to diminishing return, the part which man plays shows a tendency to increasing return. The *law of increasing return* may be worded thus: -- An increase of labour and capital leads generally to improved organization, which increases the efficiency of the work of labour and capital. (p.318)

「換言すれば、自然が生産において果たす役割は収穫逓減の傾向を示し、人間が果たす役割は収穫逓増の傾向を示す、と大雑把にはいえる。収穫逓増の法則は、次のように表すことができるかもしれない。すなわち、労働と資本の増加は一般に組織を改善させるが、それがまた労働と資本の仕事の能率を向上させる。」

　生産要素を扱う『原理』第4編において、マーシャルは伝統的な土地・労働・資本という生産の三要素に加えて、組織という要素を付け加えました。第4編後半は組織に関する議論がずっと展開されてきたわけですが、その要点を端的に表したのがこの文章であるといえます。

　『原理』の事実上の続編にあたる『産業と商業』（1919年）に、ジョイント・ストック・カンパニーに言及した箇所がありますので、みておきましょう。

It is indicated elsewhere that the term "Joint Stock Company" has had many different connotations in different stages of the world's history. In early times it meant little more than association of a few members of the same family, or a few neighbours having intimate knowledge of one another, who united their resources, or parts of them, for some venture. As a rule the venture was one which required a large capital than any one of them possessed; or else it involved risks, the whole burden of which was too great for any one of them. Especially were companies needed for many tasks which in modern times are generally recognized as belonging to government; ...... even late in the eighteenth century the great East India Company was chiefly owned by about eighty men, many of whom were in close touch with its administration. It might have been expected that joint stock administration would have spread over English business in the eighteenth century: but several causes retarded its progress.

A chief cause was the misuse of joint stock machinery in the "Bubbles" period (1700-1720). It evoked a law, under which the privilege of trading in joint stock could be obtained only by special charter. So associations abounded that were called "companies," but had no legal status as such. As each member of such a company was liable for all its debts, a prudent and responsible man was unwilling to take a share in it, even though it afforded reasonable prospects of high gains; unless he knew enough of his fellow members to be sure that he would not have to bear a great part of the burden in case of failure. Under the influence of this law only those businesses, which were sufficiently important to obtain private charters, were open to legal recognition in England as joint stock companies: the rigour of the rule was relaxed in 1825 and again in 1844; but the full privilege of Limited Liability was not made general till 1862. (*Industry and Trade*, pp.311-312)

　「別の場所で指摘したように、「株式会社」という言葉は、世界史の様々な段階において、多くの異なる意味合いを与えられてきた。昔はこの言葉が意味していたのは、同じ家族ないしは互いによく知っている隣人同士といった少人数での提携にすぎなかった。冒険のために彼らの資源、あるいはその一部を結合させたのである。通例、そのような冒険は一人の人間が保有するよりも大きな資本を必要とした。あるいは、一人の人間が負担するにはあまりにも大きなリスクを伴うものであった。とりわけ、現代であれば政府に属すると考えられているような多くの仕事のために会社が必要とされた。

　……18世紀末においてさえ、東インド会社は主に80人ほどの人々によって所有されており、その多くは経営に密接に関与していた。18世紀には株式の管理がイギリスの経済界に広まると予想されたが、様々な原因によりその進展は阻害されることとなった。

主な原因は、「南海泡沫事件」（1700年〜1720年）における株式の仕組みの悪用であった。この事件の後、株式によって取引する特権は特別な認可を受けた場合にのみ得られるという法律が制定された。それゆえ、「会社」と呼ばれてはいるが法律上の地位はもたない提携がたくさんあった。そのような会社のメンバーは会社の全負債に対して責任を負うため、分別があり道義心のある人々は参加したがらなかった。たとえ高い利益が得られるそれなりの見込みがあったとしても、仲間のメンバーのことをよく知っていて、失敗した時の負担の大部分を自分が負わなくてもよいと確信できるのでない限りはそうであった。この法律の影響下では、私的な特許状を得られるほど重要な事業だけが、イングランドにおいて株式会社として法的に認められる可能性があった。このような厳格な規則は1825年に緩和され、1844年に再度緩和された。しかし有限責任という完全な特権が一般化したのは1862年のことであった。」

　南海泡沫事件は、18世紀初頭のイギリスで発生した投機ブームで、「バブル」という言葉の語源となった事件です（それに先立つ17世紀にオランダで発生したいわゆるチューリップ・バブルは英語ではTulip maniaと呼ばれ、まだbubbleという表現は使われていません）。イギリスではこれを機に会社設立の条件を厳しく規制する泡沫会社禁止法（Bubble Act 1720）が成立し、その後の会社制度の発達が阻害されたという歴史的経緯があります。

# 第7章

## 『経済学原理』 第5編

## 需要・供給および価値の一般的関係

第 5 編では需要、供給、および価値の一般的関係が議論され
ます。マーシャルが古典派経済学と「限界革命」とを総合し、新
しい正統派の地位を確立した『原理』の理論的中核部分として、
とりわけ注目されるのがこの第 5 編です。

　On the stock exchange also a dealer can generally make sure
of selling at nearly the same price as that at which he buys; ……
If there are two securities equally good, but one of them belongs
to a large issue of bonds, and the other to a small issue by the
same government, so that the first is constantly coming on the
market, and the latter but seldom, then the dealers will on this
account alone require a larger margin between their selling price
and their buying price in the latter case than in the former. This
illustrates well the great law, that the larger the market for a
commodity the smaller generally are the fluctuations in its price,
and the lower is the percentage on the turnover which dealers
charge for doing business in it.

(note) In the case of shares of very small and little known
companies, the difference between the price at which a dealer
is willing to buy and that at which he will sell may amount to

from five per cent. or more of the selling value. If he buys, he may have to carry this security a long time before he meets with any one who comes to take it from him, and meanwhile it may fall in value: while if he undertakes to deliver a security which he has not himself got and which does not come on the market every day, he may be unable to complete his contract without much trouble and expense. (pp.327-328)

「証券取引所においては、ディーラーは一般に購入価格とほぼ同じ価格で売却することができる。……同じくらい優良な二種類の証券があり、どちらも同じ政府が発行した公債だが、片方は大量に発行されており、もう片方は少量しか発行されていないとすれば、前者はつねに市場にでてくるが、後者はめったにでてこない。すると、ディーラーはこの理由だけでも、後者については売値と買値の差額としてより大きな額を要求するだろう。このことは、以下の重要な法則の好例である。すなわち、商品の市場が大きいほど、一般に価格の変動は小さく、ディーラーがその取引に要求する分け前も小さな割合になる。

（注）非常に小規模でほとんど知られていない会社の株式の場合、ディーラーが取引に応じる売値と買値の差は、売値の5パーセントかそれ以上になるかもしれない。このような証券を買うと、それを引き取ってくれる人に出会えるまで長い間保有していなければならない可能性があるが、そのあいだに価値が下がってしまうかもしれない。また、自分で保有し

ておらず、毎日市場にでてくるわけでもない証券を引き渡す
場合、その契約を履行するために多くの骨折りと出費を強い
られるかもしれない。」

　まず序章で市場の定義がなされます。最初に証券市場に関する
記述をとりあげました。流通量の多い証券ほど売買が容易で、出
来高が大きいため値が飛びにくいという特徴があります。逆に言
うと、流通量の少ない証券の場合、売りたい人も買いたい人も少
なく、わずかな売買で価格が大きく上下してしまう可能性があり
ますし、場合によっては売買が成立しないこともあります。
　これは外国為替取引についても言えます。外貨の両替をする際、
米ドルのようにメジャーな通貨との取引であれば両替にかかるス
プレッド（売値と買値の差）は小さいですが、マイナーな通貨にな
ればなるほど大きくなる傾向があります。

At the opposite extremity to international stock exchange
securities and the more valuable metals are, firstly, things which
must be made to order to suit particular individuals, such as
well-fitting clothes; and, secondly, perishable and bulky goods,
such as fresh vegetables, which can seldom be profitably carried
long distances. The first can scarcely be said to have a wholesale
market at all; the conditions by which their price is determined
are those of retail buying and selling, and the study of them
may be postponed.

(note) A man may not trouble himself much about small retail purchases: he may give half-a-crown for a packet of paper in one shop which he could have got for two shillings in another. But it is otherwise with wholesale prices. A manufacturer cannot sell a ream of paper for six shillings while his neighbor is selling it at five. For those whose business it is to deal in paper know almost exactly the lowest price at which it can be bought, and will not pay more than this. The manufacturer has to sell at about the market price, that is at about the price at which other manufacturers are selling at the same time. (p.328)

　「国際的に取引される証券や貴金属の対極にあるのは、第一に、身体に合うように仕立てられた衣服のように、一人ひとりにあわせて受注生産されるような財である。第二に、傷みやすくてかさばる財であり、例えば生鮮野菜などは、遠隔地まで輸送するとほとんど利益がでない。前者については、卸売市場はほとんどないといってよい。その価格を決めるのは小売での売買だが、こうした財の研究は後回しにしてもよいだろう。

　（注）小売でのちょっとした買い物については、人はあまり値段を気にしないかもしれない。別の店で2シリングで買える紙を、ある店で半クラウン〔2.5シリング〕出して買うことがあるかもしれない。しかし卸売価格の場合はそのようなことはない。製造業者は、同業者が5シリングで売っている紙を6シリングで売ることはできない。紙を取り扱っている卸売業者は、仕入れられる最低価格をほぼ正確に知って

いるため、それ以上の価格を払おうとはしないだろう。製造業者は市場価格に近い価格で、つまり他の製造業者が同じ時期に売ろうとしている価格で売らざるを得ないのである。」

受注生産のことを日本語でよく「オーダーメイド」と言いますが、これは和製英語で、正しくは made to order と表現します。誂え靴などの場合、ビスポーク（bespoke）という表現を用いることもあります。高級テーラーのヘンリー・プール、高級紳士靴のジョン・ロブ（既製靴を扱う後発のパリ支店は現在ではエルメス傘下になっています）などは、マーシャルの時代から存在するイギリスの老舗といえるでしょう。こうした商品には当然、卸売市場はありません。

　生鮮野菜の遠隔地輸送については、技術の進歩によりマーシャルの時代とは状況が変わってきており、今ではありふれたことになっています。関東のスーパーでも北海道や九州産の野菜が並んでいることがありますね。

　注での記述は、一般的な消費者と卸売業者とでは、もっている知識の量が違うことを指摘しています。卸売業者に関しては、自身の取り扱っている財の相場（均衡価格）を正確に知っていると想定されますので、製造業者が、他を出し抜くようなかたちで高く売りつけることはまずできません。これは十分に現実的な仮定です。しかし消費者については必ずしもそうではありません。少々の額であれば、相場より高かったとしても、買ってしまうことは十分にあるでしょう。マーシャルの時代にはまだ**取引費用**という概念は明示的には存在しませんが、常識のレベルで直観的にそれを把握していました。

Thus at the one extreme are world markets in which competition acts directly from all parts of the globe; and at the other those secluded markets in which all direct competition from afar is shut out, though indirect and transmitted competition may make itself felt even in those; and about midway between these extreme lie the great majority of the markets which the economist and the business man have to study.

Again, markets vary with regard to the period of time which is allowed to the forces of demand and supply to bring themselves into equilibrium with one another, as well as with regard to the area over which they extend. And this element of Time requires more careful attention just now than does that of Space. For the nature of the equilibrium itself, and that of the causes by which it is determined, depend on the length of the period over which the market is taken to extend. We shall find that if the period is short, the supply is limited to the stores which happen to be at hand: if the period is longer, the supply will be influenced, more or less, by the cost of producing the commodity in question; and if the period is very long, this cost will in its turn be influenced, more or less, by the cost of producing the labour and the material things required for producing the commodity. These three classes of course merge into one another by imperceptible degrees. We will begin with the first class; and consider in the next chapter those temporary equilibria of demand and su pply, in which "supply" means in effect merely the stock available at the time for sale in the market; so that it cannot be directly influenced by the cost of production. (pp.329-330)

「こうして一方の極には、世界中のあらゆる地域から競争が直接及ぶような世界市場が存在し、他方の極には、遠くからの直接の競争はすべて遮断されている隔絶された市場が存在する。後者の市場でも、間接的に伝わってくる競争が感じられることはあるかもしれない。経済学者や実業家が研究しなければならない市場の大半は、これら両極端の中間にある。

　さらに、市場はその地域的な広がりによっても異なるが、それだけでなく、需要と供給の力が互いに均衡に向かって作用していくのにかかる時間の長さによっても異なる。この時間の要素は空間の要素よりも念入りに検討する必要がある。というのも、均衡それ自体の性質や、均衡を決定する要因の性質は、その市場に適用される期間の長さに依存するからである。期間が短いときには、供給はたまたま手許にある在庫に限られる。より長い期間をとると、供給は程度の差こそあれ、当該商品の生産費の影響を受けるだろう。そして期間が非常に長い場合には、この生産費は多かれ少なかれ、商品の生産に必要な労働や原材料の生産費の影響を受けるだろう。もちろん、これら三種類の期間は知覚できない程度に混じり合っている。第一の種類から始めよう。次の章では、需要と

供給の一時的均衡を考察する。そこでは「供給」は事実上、そのとき市場で売ることのできる在庫を意味しており、それゆえ生産費の影響を直接受けることはない。」

　市場の区分について、時間の観点と空間の観点から考察が加えられます。with regard to the period と with regard to area が並んでいる格好ですが、この場合、重点が置かれているのは前者です。以下の文章でも、時間区分の話が展開されていきます。

　途中、more or less が二回続けて登場します。意味としては「多かれ少なかれ」とか「程度の差こそあれ」と辞書どおりに訳して問題ありませんが、同じ訳語を続けて使うかどうかは判断のわかれるところです。試訳では表現を変えてみましたが、このあたりは好みの問題といえそうです。なお、英語でも、同じようなことを言うのに同じ表現を重ねることを嫌って、あえて異なる表現が選ばれることがあります。

　merge into one another by imperceptible degree は、概念的な区分が絶対的なものではなく、便宜上三つに区分された期間のあいだにはっきりとした境界線が引けるわけではないことを示唆しています。序文でも shade into one another by imperceptible gradation という、似たような表現がでてきました。

　　As far as the knowledge and business enterprise of the producers reach, they in each case choose those factors of production which are best for their purpose; the sum of the supply prices of those factors which are used is, as a rule, less than the sum of the supply prices of any other set of factors which could be substituted for them; and whenever it appears to the producers that this is not the case, they will, as a rule, set to work to substitute the less expensive method. And further on we shall see how in a somewhat similar way society substitutes one undertaker for another who is less efficient in proportion to his charges. We may call this, for convenience of reference, *The principle of substitution.*

The applications of this principles extend over almost every field of economic inquiry. (p.341)

「生産者はその知識と企業心の及ぶ限り、その目的に一番適した生産要素を選択する。使用される生産要素の供給価格の合計は、通例、代用となり得る生産要素の供給価格の合計よりも小さい。そうでないと考えられる場合には、原則として、もっと安価な方法で代用しようとするだろう。後に見るように、経費がかかるわりに効率の悪い企業も、同じようにして、別の企業に取って代わられるだろう。便宜上、これを代替の原理と呼ぶことにしよう。

この原理は、経済学研究のほとんどすべての領域にわたって適用される。」

for convenience of reference の reference には参照、言及、といった意味がありますが、ここは、この内容を呼び表すのに何か呼び名があった方が便利なので、代替の原理と呼ぼうと提案して

いる文脈です。そのため、あえて「……の便宜のため」と訳す必要はないと判断しました。原文に書かれている内容を訳者の独断で勝手に省略してはいけませんが、かといってすべての語句をそのまま訳せばよいというわけでもないのです。

　内容としては、**代替の原理**の考え方が説明されているところです。生産要素を選択するにあたって、最も効率的な要素が選択されるというものですが、これは限界効用均等の法則、限界生産力均等の法則に対応するものです。手持ちの情報・知識の範囲内で最善を尽くす、というところが鍵です。現代では「代替の原理」という言葉こそあまり用いられなくなりましたが、発想としては、つねに効率の改善を追求する市場経済の根底にある非常に本質的なものといえます。

The position then is this: we are investigating the equilibrium of normal demand and normal supply in their most general form; we are neglecting those features which are special to particular parts of economic science, and are confining our attention to those broad relations which are common to nearly the whole of it. Thus we assume that the forces of demand and supply have free play; that there is no close combination among dealers on either side, but each acts for himself, and there is much free competition; that is, buyers generally compete freely with buyers, and sellers compete freely with sellers. But though everyone acts for himself, his knowledge of what others are doing is supposed to be generally sufficient to prevent him from taking a lower or paying a higher price than others are doing. This is assumed provisionally to be true both of finished goods and of their factors of production, of the hire of labour and of the borrowing of capital. We havealready inquired to some extent, and we shall have to inquire further, how far these assumptions are in accordance with the actual facts of life. But meanwhile this is the supposition on which we proceed; we assume that there is only one price in the market at one and the same time; (pp.341-342)

「いまの状況を整理するとこうなる。すなわち、我々は正常な需要と正常な供給の均衡を最も一般的な形態で研究している。経済学の特定部門だけに関わる特殊な特徴は無視し、そのほぼ全体に共通してみられる広範な関係に注意を限定する。需要と供給の力が自由に作用しており、売手と買手いずれの側にも密接な提携は行われていない。それぞれが自分のために行動し、十分な自由競争が行われている。すなわち、買手は一般に買手同士で自由に競争し、売手は一般に売手同士で自由に競争している。誰もが自分のために行動するのだが、他の人が何をしているかはよく知っており、他者より安く売ったり高く買ったりすることはない。当面は、この想定は、完成財についても、生産要素についても、労働の雇用についても、資本の借入れについてもあてはまるものとする。これらの想定がどの程度、実生活に合致するかについてはすでにある程度検討してきたが、さらに研究しなければならない。

しかし当面はこの想定に基づいて進めていくことにする。市
　　場には同一時点ではただ一つの価格しかないものとする。」

　The position then is this は一見、何気ない表現にみえて、意外
と訳しにくいかもしれません。いろいろな訳が考えられますが、
立ち止まって状況を整理している場面ですので、試訳では後続と
のつながりを意識しながら、「いまの状況を整理するとこうなる」
としてみました。
　ここでは各種競争条件が規定されています。ここだけを見る限
り、マーシャルの想定している自由競争の要件は、結託が存在し
ないこと、他の経済主体に関して十分な情報があること、一物一
価の三点であると考えられます。
　そして当面は自由競争の想定に立って議論が進められるという
意志表明でもあります。マーシャルの議論の運びを見ると、知識
の完全性を必要とする自由競争という現象は、効用の個人間比較
が可能であるという仮定や貨幣の限界効用が一定であるといった
仮定と同様、必ずしも現実的ではないけれども、導入的な議論に
おいて便宜上、暫定的におかれた仮定であると考えられます。

　　Let us call to mind the "representative firm," whose
　economies of production, internal and external, are dependent
　on the aggregate volume of production of the commodity that
　it makes; …… some firms meanwhile rising and increasing
　their output, and others falling and diminishing theirs; but the
　aggregate production remaining unchanged. A price higher than

this would increase the growth of the rising firms, and slacken, though it might not arrest, the decay of the falling firms; with the net result of an increase in the aggregate production. On the other hand, a price lower than this would hasten the decay of the falling firms, and slacken the growth of the rising firms; and on the whole diminish production: (pp.342-343)

「「代表的企業」を思い浮かべてみよう。その生産の内部経済と外部経済は、生産する商品の総生産量に依存している。……なかには日の出の勢いで生産を増やしつつある企業もあれば、衰退しつつあり生産を減らしつつある企業もあるが、全体としての生産量は変わらないものとする。価格がこれより高ければ、伸びつつある企業の成長は加速し、衰退しつつある企業の没落が、止められることはないにしても、緩やかなものになるだろう。その結果、総生産量は増加する。他方、価格がこれより低ければ、衰退しつつある企業の没落は早まり、伸びつつある企業の成長は抑制され、全体としては生産が減少するだろう。」

「代表的企業」とはマーシャルの方法論的工夫の一つです。マーシャルが企業分析をする際に念頭に置いている企業像で、適度に内部経済と外部経済を享受していると想定されます。それはゆるやかな意味での自由競争下にありますが、完全競争モデルで仮定されるような利潤ゼロの企業ではありません。むしろ現代の感覚でいえば、**独占的競争**ないしは寡占市場における企業に近い

といえるかもしれません。それぞれの産業には、成長しつつある企業もあれば衰退しつつある企業もあって一様ではありませんが、その産業のなかでの平均像を表すものとして、この「代表的企業」という虚構が用いられます。マーシャルが「正常」な状態を考える際、この代表的企業が想定されます。

別のところでは次のように述べられています。we must select as representative a business which is managed with normal ability and so as to get its fair share of the economies, both internal and external, resulting from industrial organization（代表的企業として、次のような企業を選ばなければならない。すなわち、正常な能力で経営されており、産業組織から生じる内部経済と外部経済の公正な分け前を享受しているような企業である）（『原理』p.396）。

マーク・ブローグは大著『経済理論の歴史』のなかで、マーシャルの代表的企業は企業規模に関してではなく平均費用に関しての代表であり、産業の供給曲線の縮図を提供するものであると述べています。この抽象概念によって、一産業内のすべての企業が均衡しているという必要なしに、その産業の総生産量の均衡条件を議論できるようになりました。

When demand and supply are in equilibrium, the amount of the commodity which is being produced in a unit of time may be called the *equilibrium-amount*, and the price at which it is being sold may be called the *equilibrium-price*.

Such an equilibrium is *stable*; that, is, the price, if displaced a little from it, will tend to return, as a pendulum oscillates about its lowest point; and it will be found to be a characteristic of stable equilibria that in them the demand price is greater than the supply price for amounts just less than the equilibrium amount, and *vice versâ*. For when the demand priced is greater than the supply price, the amount produced tends to increase. (p.345)

「需要と供給が均衡しているとき、単位期間に生産される商品の量を均衡量と呼び、それが売られる価格を均衡価格と呼ぶことにしよう。

　そのような均衡は安定的である。つまり、価格が均衡から少しでも離れると、振り子がその最低点のまわりを振動するように、均衡に復帰しようとする動きが起きるだろう。安定均衡の特徴として、均衡量より少ない量においては需要価格が供給価格より高く、逆の場合は逆であるということがわかるであろう。なぜなら、需要価格が供給価格よりも高ければ、生産される量は増大する傾向があるからである。」

　安定均衡の条件を定義している文章です。縦軸に価格、横軸に数量をとった需要と供給のグラフで、需要曲線と供給曲線の交点である均衡点の左側では需要価格＞供給価格、均衡点の右側では需要価格＜供給価格が成立していることがマーシャルの安定条件です。それぞれの曲線の傾きが正か負かは問いません。現代でもミクロ経済学の教科書で、**マーシャル的安定**の条件として「供給曲線の傾き＞需要曲線の傾き」と定義されていますが、それと同

じものです。

　なお、ワルラス的調整過程における均衡の安定条件は、需要と供給のグラフで、均衡点の上側で需要量＜供給量、均衡点の下側で需要量＞供給量が成立していることです。これは（1／供給曲線の傾き）＞（1／需要曲線の傾き）と表現することもできます。

(note) This may be taken as the typical diagram for stable equilibrium for a commodity that obeys the law of diminishing return. But if we had made *SS'* a horizontal straight line, we should have represented the case of "constant return," in which the supply price is the same for all amounts of the commodity. And if we had made *SS'* inclined negatively, but less steeply than *DD'* (the necessity for this condition will appear more fully later on), we should have got a case of stable equilibrium for a commodity which obeys the law of increasing return. (p.346)

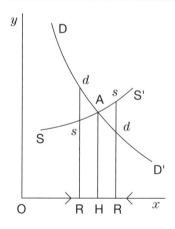

「（注）この図は収穫逓減法則にしたがう商品の安定均衡を表す典型的な図だと考えられる。しかし、もし*SS'*を横軸に水平な直線とすると、「収穫一定」のケースになる。このとき供給価格は商品の量にかかわらず同一である。また、

*SS* が右下がりだが、その傾きは *DD'* よりはゆるやかだとすると（この条件の必要性は後に明らかになる）、収穫逓増法則にしたがう商品の安定均衡のケースとなる。」

マーシャルはしばしば注のなかでグラフを用いた説明をしていますが、ここでは右上がりの供給曲線が描かれています。収穫逓減 diminishing return・収穫一定 constant return・収穫逓増 increasing return のケースがそれぞれ右上がり、水平、右下がりの供給曲線に対応しています。

But we cannot foresee the future perfectly. The unexpected may happen; and the existing tendencies may be modified before they have had time to accomplish what appears now to be their full and complete work. The fact that the general conditions of life are not stationary is the source of many of the difficulties that are met with in applying economic doctrines to practical problems.

Of course Normal does not mean Competitive. (p.347)

「しかし我々は将来を完全に予測することはできない。予期しなかったことが起こるかもしれない。現在の傾向は、それが十分かつ完全に作用すれば成立すると考えられるものを成し遂げるだけの時間が経過する前に変化するかもしれない。生活の一般的諸条件が定常的なものではないという事実は、経済学説を実際の問題に当てはめる際に直面する数多く

の困難の源である。

　もちろん、正常ということは競争的であるということを意味するものではない。」


　ケインズの不確実性の議論を彷彿とさせるような文章です。もちろん、マーシャルの議論とケインズの不確実性の議論は同じではありませんし、これが不確実性の起源などというつもりはないのですが、私たちが将来を正確に見通すことができないという、ある意味、当たり前の指摘がケインズの専売特許であるかのような言い方をしてしまうのは正確ではないでしょう。

　外国のケインズ研究者に多いのですが、ケインズに関しては非常に精緻な文献考証をして、ありとあらゆるケインズの文章を精査しているにもかかわらず、ケインズが攻撃した「古典派」については、一次文献を読むことなく、ステレオタイプ的な理解をしているケースがしばしばみられます。しかし、マーシャルのこの文章ひとつ取っても、「古典派」が「完全知識」を想定した「完全競争モデル」をとっていたなどという俗説は正しくないことがわかるというものです。マーシャルに限らず、古い時代の経済学者の多くは、常識的な観点から、そのようなことは十分理解していました。これは、後世の合理的経済人モデルによる理解を、原典を確認することなく、後付けで、昔の経済学者に適用しようとしたことの弊害といえるでしょう。


We might as reasonably dispute whether it is the upper or
the under blade of a pair of scissors that cuts a piece of paper, as

whether value is governed by utility or cost of production. It is true that when one blade is held still, and the cutting is effected by moving the other, we may say with careless brevity that the cutting is done by the second; but the statement is not strictly accurate, and is to be excused only so long as it claims to be merely a popular and not a strictly scientific account of what happens. (p.348)

「価値は効用によって決まるか生産費によって決まるかを問うのは、紙を切るのがハサミの上刃か下刃かを問うようなものである。確かに、一方の刃を固定したまま他方の刃を動かして紙を切った場合には、動かした方の刃で切ったと軽はずみな言い方をしてしまうことはあるかもしれない。しかしそのような言い方は厳密には正しくない。あくまで一般向けの、厳密に科学的ではない説明として言うのであれば許されるだけである。」

　マーシャルの書いた文章のなかでも、特に有名な表現の一つです。

　価値は生産費（供給要因）で決まると考えていた古典派に対し、1870年代のいわゆる「限界革命」の論者たちは、価値は限界効用（需要要因）によって決まると主張しました。両者は一見、対極にある考え方のようにみえますが、マーシャルはそうではないと言います。その根拠はこの先で述べられますが、ここでは価値を決定する要因としての需要と供給の役割をハサミの両刃に例え

ています。

　需要と供給によって価値（価格）を考えるのは、いまでは高校
生でも知っている経済学のイロハだと思われるかもしれません。
しかし、経済学の歴史を仮に 250 年程度とすると、その前半に
おいては決して当たり前の発想ではなかったということを強調し
ておきたいと思います。

> Thus we may conclude that, *as a general rule*, the shorter the
> period which we are considering, the greater must be the share
> of our attention which is given to the influence of demand on
> value; and the longer the period, the more important will be
> the influence of cost of production on value. For the influence
> of changes in cost of production takes as a rule a longer time to
> work itself out than does the influence of changes in demand.
> The actual value at any time, the market value as it is often
> called, is often more influenced by passing events and by causes
> whose action is fitful and short lived, than by those which work
> persistently. But in long periods these fitful and irregular causes
> in large measure efface one another's influence; so that in the
> long run persistent causes dominate value completely. Even the
> most persistent causes are however liable to change. For the
> whole structure of production is modified, and the relative costs
> of production of different things are permanently altered, from
> one generation to another. (pp.349-350)

「したがって、次のように結論を下してよいだろう。すなわち、一般原則としては、考察している期間が短いほど、価値に対する需要の影響により多くの注意を払う必要があり、期間が長いほど、価値に対する生産費の影響がより重要となるだろう。なぜなら、一般に生産費の変化の影響が現れるのには、需要の変化の影響よりも長い時間がかかるからである。実際の価値はしばしば市場価値と呼ばれるが、これは持続的に働く出来事や原因よりも、一過性の出来事や気まぐれで長続きしないような原因の影響を受けることが多い。しかし長期的には、これらの気まぐれで不規則な原因は大部分が相互にその影響を相殺し合うため、結局は持続的な原因が価値を完全に支配する。しかしながら、最も持続的な原因でさえ変化しやすい。というのも、ある世代から次の世代にかけて、生産構造全体が変容し、様々なものの相対的な生産費もすっかり変わってしまうからである。」

　マーシャルは時間の概念を導入することによって、古典派と限界主義を統一的に理解する枠組みを構築しました。その要点を一言でいうならば、価値を決めるのは需要側の要因であるか供給側の要因であるかという問いに対して、その答えは考察する期間の長さに応じて変わってくるというものです。例えば、2020年春には新型コロナウイルスの感染拡大を受けて、一時的にマスクが品薄になり、価格が高騰するという現象が起きました。この場合、価格を釣り上げていたのは需要の急増でした。しかししばらくすると供給体制が追い付いてきて、価格は落ち着きました。これは、

短期的には需要が価格を左右するけれども、長期的には価格は生産費によって規定される水準に落ち着くというわかりやすい事例です。

Some technical terms relating to costs may be considered here. When investing his capital in providing the means of carrying on an undertaking, the business man looks to being recouped by the price obtained for its various products; and he expects to be able under normal conditions to charge for each of them a sufficient price; that is, one which will not only cover the *special*, *direct*, or *prime cost*, but also bear its proper share of the general expenses of the business; and these we may call its general, or *supplementary cost*. These two elements together make its *total cost*.

…... Supplementary costs are taken to include standing charges on account of the durable plant in which much of the capital of the business has been invested, and also the salaries of the upper employees: for the charges to which the business is put on account of their salaries cannot generally be adapted quickly to changes in the amount of work there is for them to do. There remains nothing but the (money) cost of the raw material used in making the commodity and the wages of that part of the labour spent on it which is paid by the hour or the piece and extra wear-and-tear of plant.

…... Supplementary cost must generally be covered by the

「費用に関するいくつかの専門用語についてここで検討しておこう。事業を経営する手段を準備するために資本を投下する際、企業家は様々な生産物を売って得られる価格でそれを回収できることを期待している。そして正常な条件のもとでは、それぞれの生産物に十分な値段がつくことを期待する。十分な値段とはつまり、特別費用ないしは直接費用、あるいは主要費用を回収するだけでなく、事業の一般的な経費の適切な割合をも負担できる価格のことである。これを一般費用、あるいは補足的費用と呼んでよいだろう。これら二つの費用をあわせたものが総費用である。

……補足的費用は、企業の資本が多く投下されている耐久的設備のための固定費を含むものとする。管理職の俸給もここに含まれる。というのも、一般に、企業が彼らの俸給として支払う金額は、彼らにやってもらう仕事の量が変化しても急に変えることはできないからである。これらを除外すると、残るのは、商品をつくるのに用いられる原料の（貨幣）費用、時間給もしくは出来高払いで支払われる労働の賃金、そして設備の追加的な損耗である。

……補足的費用は一般に、短期においてもかなりの部分を販売価格で回収する必要がある。そして長期的には完全に回収しなければならない。」

マーシャルの費用概念が定義されているところです。現在の経済学で用いられている用語とは少し名称が異なっていますが、主要費用と補足的費用をあわせたものが総費用と定義されます。

短期と長期の区別をはじめ、マーシャルの時間区分は基本的に供給側の諸条件の違いによって区別されます。費用に関して言うと、短期的にはまず主要費用の回収を考えます。補足的費用に関しても、もちろん回収するのですが、こちらは数年かけて回収していくというイメージです。補足的費用は現代でいうなら固定費に相当する部分です。

人件費に関しては、厳密には可変的要素と固定的要素のどちらもあるため、別途、説明が加えられています。日雇い労働のように簡単に調整がきく労働は可変費用、正社員の給料のようにすぐに変更することが難しいものは固定費用として扱われます。

またマーシャルは、主要費用と補足的費用との区別が重要な意味をもつのはあくまで短期の問題に関してであって、長期においては特別な意味をもたないと述べています（『原理』p.362n）。これは現代の経済学でも同じで、長期においてはすべての費用は可変費用となるため、長期的に可変費用と固定費用を区別する意味はありません。

The element of time is a chief cause of those difficulties in economic investigations which make it necessary for man with his limited powers to go step by step; breaking up a complex question, studying one bit at a time, and at last combining his partial solutions into a more or less complete solution of the whole riddle. In breaking it up, he segregates those disturbing causes, whose wanderings happen to be inconvenient, for the time in a pound called *Ceteris Paribus*. The study of some group of tendencies is isolated by the assumption *other things being equal*: the existence of other tendencies is not denied, but their disturbing effect is neglected for a time. The more the issue is thus narrowed, the more exactly can it be handled: but also the less closely does it correspond to real life. Each exact and firm handling of a narrow issue, however, helps towards treating broader issues, in which that narrow issue is contained, more exactly than would otherwise have been possible. With each step more things can be let out of the pound; exact discussions can be made less abstract, realistic discussions can be made less inexact than was possible at an earlier stage. (p.366)

「時間の要素は、経済学の研究における困難の主たる原因である。この困難ゆえに、能力に限りのある人間は段階的に一歩一歩進まざるを得ない。複雑な問題を分割し、一度に一つずつ研究し、最後にその部分的な解を問題全体の多少なりとも完全な解に結びつける。問題を分割する際に、混入すると不都合な撹乱要因は、当面のあいだ、「他の事情が等しいならば」と呼ばれる檻に隔離しておく。他の事情が等しいならば、という仮定によって、ある集団の傾向の研究だけをとりあげることになる。他の傾向も存在していることを否定するわけではないが、それらの撹乱的な影響はしばらくのあいだ、

無視するのである。こうして問題が狭く限定されればされるほど、より正確に扱うことができるようになる。しかし同時に、実生活との対応も薄れてしまう。しかしながら、狭い問題を一つひとつ正確に確実に処理していくことで、そうした狭い問題を含むより広い問題を、そうでない場合よりも正確に扱えるようになる。一歩一歩前進していくにつれて、より多くのことが檻から解放される。初期の段階に比べて、正確な議論がより具体的に行えるようになり、現実的な議論をより正確に行えるようになる。」

　部分均衡分析の特徴を描写したこのパラグラフは、マーシャルが1898年に発表した重要な論文「分配と交換」の第2節の冒頭付近に登場するものとほぼ同じ内容です。

　最初の文章は、骨格の部分は investigations までで完結していますので、試訳ではここまでを一文として訳して、which 以下は区切って訳しました。*Ceteris Paribus* という表現は**他の事情が等しいならば** other things being equal を表すラテン語です。経済学の古典では時おりこうしたラテン語が登場しますが、よく使われる言葉は限られているので、覚えておきたいところです。経済学には、マーシャルの考案したこの部分均衡分析のアプローチの他に、ワルラスの考案した**一般均衡分析**（すべての市場の同時均衡を分析）があります。それぞれに使いどころがあり、どちらが優れているということもないのですが、この部分均衡分析の漸進的なアプローチはマーシャルの特徴であるといえるでしょう。

Our first step towards studying the influences exerted by the element of time on the relations between cost of production and value may well be to consider the famous fiction of the "Stationary State" in which those influences would be but little felt; and to contrast the results which would be found there with those in the modern world.

This state obtains its name from the fact that in it the general conditions of production and consumption, of distribution and exchange remain motionless; but yet it is full of movement; for it is a mode of life. The average age of the population may be stationary; though each individual is growing up from youth towards his prime, or downwards to old age. And the same amount of things per head of the population will have been produced in the same ways by the same classes of people for many generations together; and therefore this supply of the appliances for production will have had full time to be adjusted to the steady demand.

Of course we might assume that in our stationary state every business remained always of the same size, and with the same trade connection. But we need not go so far as that; it will suffice to suppose that firms rise and fall, but that the "representative" firm remains always of about the same size, as does the representative tree of a virgin forest, and that therefore the economies resulting from its own resources are constant: and since the aggregate volume of production is constant, so also are those economies resulting from subsidiary industries in the neighbourhood, etc. [That is, its internal and external economies are both constant. ......]

In a stationary state then the plain rule would be that cost of production govern value. ...... Each element of cost would be governed by "natural" laws, subject to some control from fixed custom. ...... There would be no distinction between long-period and short-period normal value, at all events if we supposed that in that monotonous world the harvests themselves were uniform: for the representative firm being always of the same size, and always doing the same class of business to the same extent and in the same way, with no slack times, and no specially busy times, its normal expenses by which the normal supply price is governed would be always the same. The demand lists of prices would always be the same, and so would the supply lists; and normal price would never vary.

But nothing of this is true in the world in which we live. (pp.366-368)

「時間の要素が生産費と価値の関係に及ぼす影響を研究しよう。その際の第一歩として、「定常状態」という有名な擬制を考える。そこでは時間の影響はほとんど感じられない。そこで得られた結果を現代の世界と対比してみるのがよいだろう。

　この定常状態という名称は、そこでは生産や消費、分配、

そして交換の一般的条件が不変であることに由来する。しかしそれでも定常状態は動きに満ちている。それは一つの生活様式だからである。人口の平均年齢は定常的であるかもしれないが、個々人は青年から壮年となり、老齢をむかえる。人口一人あたり同じ量の財が、同じ階級の人々によって何世代にもわたって同じ方法で生産されるだろう。それゆえ、生産設備の供給は安定した需要に対して調整されるだけの十分な時間があるだろう。

　もちろん、定常状態においてはすべての企業がつねに同じ規模で、同じ取引関係をもっていると想定することもできるが、そこまでする必要はない。次のような想定で十分である。すなわち、企業には盛衰があるが、ちょうど原生林の代表的な樹木がそうであるように、「代表的」企業はつねに同じ規模であり、それゆえ内部の資源から得られる経済も不変である。そして生産の総量が不変であるため、近隣の補助産業から得られる経済も不変である（すなわち、代表的企業の内部経済も外部経済も不変である）。……

　定常状態において明白な規則は、生産費が価値を支配するというものであろう。……生産費の各要素は、固定的な慣習にいくらか左右されるが、「自然」の法則によって支配されるであろう。……この単調な世界で収穫もまた一定であると想定するならば、長期正常価値と短期正常価値の区別もなくなるだろう。なぜなら、代表的企業はつねに同じ規模であり、同種の事業を同じ範囲、同じ方法で営んでおり、暇でもなければ特に忙しくもなく、正常な供給価格を支配する正常経費

もつねに同一だからである。需要表も供給表もつねに同じで、正常価格も決して変わらないだろう。

　しかしこうしたことは、我々が暮らしている世界にはあてはまらない。」

　最初の文章は、「我々の最初の一歩は……を考察すること……そして対比すること」と一気に訳すと長く煩雑になりますので、試訳では原文の構造を尊重しつつもいくつかに分けて訳してみました。企業の栄枯盛衰を森の木々に例える議論は以前にも出てきましたが、ここでは**定常状態**という有名な擬制について考察しています。森の姿は一見、ずっと変わらないようにみえても、個々の木々をみると変化しています。定常状態もそれと同じです。

　経済学における**静態**は、ここでいう定常状態に相当します。毎年、同じような規模で同じような活動が繰り返されるため、動きがないように見えますが、時間は流れています。それに対して、**動態**は、与件の変化を伴うもので、経済発展や成長を扱う分析は動態分析になります。分析対象となっている経済の性質による区別です。

　似たような概念に、**静学、動学**があります。現代経済学では同じ時点における変数間の関係を分析する手法を静学、タイムラグを伴う異なる時点における変数間の関係を分析する手法を動学といって区別します。

　後半部分では、定常状態の世界がどのようなものであるかを説明しています。生産費が価値を支配する長期の世界ですが、マーシャルはこのような変化のない世界は現実には当てはまらないと

考えました。マーシャルが静よりも動、そして社会の有機的成長というヴィジョンをもっていたからです。そしてマーシャルの後継者たちは、短期の問題に注力していくことになります。

> In the stationary state all the conditions of production and consumption are reduced to rest: but less violent assumptions are made by what is, not quite accurately, called the *statical* method. By that method we fix our minds on some central point: we suppose it for the time to be reduced to a *stationary* state; and we then study in relation to it the forces that affect the things by which it is surrounded, and any tendency there may be to equilibrium of these forces. A number of these partial studies may lead the way towards a solution of problems too difficult to be grasped at one effort. (p.369)

「定常状態においては、生産と消費のすべての条件は静止状態となる。必ずしも正確な名称ではないが、静学的方法と呼ばれている方法を用いれば、これほど乱暴でない仮定を置くことができる。この方法によって、ある中心点に注目し、それがしばらくのあいだ定常状態にあると想定する。それからそれを取り巻く事象に影響する諸力をその中心点との関連で研究し、これらの諸力を均衡させる傾向を研究する。こうした部分的研究を数多く積み重ねることで、難しすぎて一挙に把握することはできないような問題であっても、解決に近づいていけるであろう。」

生産と消費のすべての条件が静止状態となると書かれています
が、静止状態になるのはあくまで「条件」であって生産や消費で
はありません。これは定常状態において生産や消費が行われない
ということではなく、変化がないため毎年同じ規模で同じ活動が
繰り返される、ということです。

...... in every case the cost of production is marginal; that is,
it is the cost of production of those goods which are on the
margin of not being produced at all, and which would not be
produced if the price to be got for them were expected to be
lower. But the causes which determine this margin vary with
the length of the period under consideration. For short periods
people take the stock of appliances for production as practically
fixed; and they are governed by their expectations of demand in
considering how actively they shall set themselves to work those
appliances. In long periods they set themselves to adjust the
flow of these appliances to their expectations of demand for the
goods which the appliances help to produce. (pp.373-374)

　「どの場合でも、生産費は限界におけるものである。すなわ
ち、その財がまったく生産されないかどうかの限界を画す生
産費であって、価格がそれ以上安ければ生産されなくなる限
界の生産費である。しかしこの限界を決める要因は、考察す
る期間の長さによって変化する。短期においては、生産設備

はほぼ固定的と考えられる。それらの設備をどの程度稼働さ
せるかを考える際には、需要の期待に左右される。長期にお
いては、これらの設備の供給は、その設備で生産される財に
対する需要の期待にあわせて調整される。」

　ここは生産費の限界に関する説明をしている箇所です。意味を
汲んでわかりやすく訳したいところです。that is 以下は限界にお
ける生産費を 2 回言い換えていますが、何も考えずに直訳する
と、「まったく生産されない境界にある財の生産費」、「それで得
られる価格がより低いならば生産されないであろう生産費」と、
わかりにくい言い回しになってしまいます。例えばある財が 100
円で売れるとして、コスト 100 円以下で生産できるなら生産し
て売れば利益がでますし、そうでなければ生産されないでしょう。
この場合、100 円というのがその限界にあたります。

　goods which the appliances help to produce の部分は、直訳する
と「その設備が生産を手助けする財」ですが、単に「その設備で
生産される財」として問題ないでしょう。

　ここでマーシャルは短期と長期の区別に関する重要な指摘をし
ています。すなわち短期とは生産設備一定で、長期は生産設備も
可変的となるという指摘です。これは、長期においてはすべての
費用は可変的になるという上の議論とも符合します。現代経済学
でも、短期と長期の区別に関してはこのマーシャルの区分を踏襲
しています。

The immediate effect of the expectation of a high price is to cause people to bring into active work all their appliances of production, and to work them full time and perhaps overtime. The supply price is then the money cost of production of that part of the produce which forces the undertaker to hire such inefficient labour (perhaps tired by working overcome) at so high a price, and to put himself and others to so much strain and inconvenience that he is on the margin of doubt whether it is worth his while to do it or not. The immediate effect of the expectation of a low price is to throw many appliances for production out of work, and slacken the work of others; and if the producers had no fear of spoiling their markets, it would be worth their while to produce for a time for any price that covered the prime costs of production and rewarded them for their own trouble.

But, as it is, they generally hold out for a higher price; each man fears to spoil his chance of getting a better price later on from his own customers; or, if he produces for a large and open market, he is more or less in fear of incurring the resentment of other producers, should he sell needlessly at a price that spoils the common market for all. The marginal production in this case is the production of those whom a little further fall of price would cause, either from a regard to their own interest or by formal or informal agreement with other producers, to suspend production for fear of further spoiling the market. The price which, for these reasons, producers are just on the point of refusing, is the true marginal supply price for short periods. (p.374)

「高価格が期待されると、直接的な影響としては、生産設備がすべて稼働させられる。完全操業、そしておそらくは時間外でも操業することになる。この場合、供給価格は、企業家が（おそらくは超過勤務で疲れている）能率の悪い労働者を高い賃金で雇い、自他に多大な負担と不便をかけてその生産をするに値するかどうか迷うような部分を生産するのにかかる貨幣生産費である。低価格が期待されると、直接的な影響としては、生産設備の多くは操業を停止し、他の設備も操業を短縮する。もし生産者が市場を損なうことを恐れないならば、生産の主要費用を回収し、生産者の苦労に対する報酬が与えられる価格であれば、当面は生産を続けるに値するだろう。

　ところが実際には、生産者はもっと高い価格で生産を停止する。将来、顧客にもっと高い価格を支払わせる機会を損ねてしまうことを恐れるからである。また大規模な公開市場向けに生産している場合、共通市場を損なうような価格でむやみに販売して、他の生産者たちの恨みを買うことを、程度の差こそあれ恐れるからである。この場合の限界生産は、価格がわずかでも下落すれば、自身の利益のためか、あるいは他の生産者との公式非公式の協定によってか、市場をこれ以上損なうことを恐れて生産を停止するような人々の生産のことである。これらの理由から、生産者がまさに拒絶するような価格こそが、短期の真の限界供給価格である。」

so high a price の price は労働者に支払う賃金のことです。a better price は、生産者が顧客に「よい価格」を払ってもらう、という文脈で登場する表現ですが、生産者にとっての「よい価格」とは「高い価格」のことです。

ここでマーシャルの企業は完全競争モデルにそぐわない行動をとります。主要費用とは可変費用のことであったことを思い出してください。現代の経済学の用語を用いて説明すると、短期の限界費用曲線のうち、まず**損益分岐点**よりも右上の領域（黒字が確保できる価格帯）に関しては、問題なく企業の供給曲線となります。ここまではマーシャルも同じです。そして価格が損益分岐点と**操業停止点**の間にある場合（つまり、可変費用は回収できるけれども固定費用の部分までは回収しきれずに赤字になる価格帯では）、競争的市場における短期の利潤最大化という観点からは、生産を続けることが合理的と考えられます（それゆれこの部分も供給曲線に含まれます）。なぜなら、生産しないよりも生産をした方が、赤字が少なくなるからです。ところが、マーシャルの企業はそれを拒否するのです。というのは、下手に安売りすることでその後、悪影響が出ることを恐れるからです。

これは完全競争モデルのプライス・テイカーの仮定に反します。この記述からすると、個別企業の視点からみた需要の価格弾力性は無限大でなく、企業が価格決定能力をもっていることになります。『原理』冒頭にも The traders or producers, who find that a rival is offering goods at a lower price than will yield them a good profit, are angered at his intrusion, and complain of being wronged

「商人であれ、生産者であれ、十分な利潤を確保できるよりも安い価格で競争相手が財を供給しようとするのを見つければ、そのようなでしゃばりに憤慨し、その不当性を訴える」（p.8）という表現がありますが、特定企業の行動が他企業に影響を及ぼすという点で、明らかに完全競争とは相容れません。短期正常均衡という、マーシャル経済学において最も基本的な状態でさえ、完全競争モデルの大黒柱となる仮定は置かれていないのです。

　完全競争モデルでは、生産者が利潤最大化を追求して極限まで競争をする結果、価格が限界費用に等しくなるところまで低下し、利潤はゼロになってしまいます。現実の経済でも様々な要因によって、結果的に利益がゼロ、あるいはマイナス（赤字）になってしまうことはあるでしょう。しかし基本的に、平時においてはどの企業も、ある程度の利益が得られる見込みで経営をするのが普通です。マーシャルは「公式非公式の協定」に言及しています。もちろん、現代においてあからさまな協定は問題がありますが、暗黙の協定を行う余地がないわけではありません。

　例えば家電量販店などでは、他店よりも1円でも高ければ同じ水準まで値下げする旨を宣言しているところがあります。消費者からみれば、これは一見、積極的に競争をしていて好ましい態度にも見えます。しかし、これには別の意味が秘められています。競合店が値下げ競争を挑んできたとしても、とことん付き合うという宣言なわけですから、競合店にしても、それ以上に値下げしたところで双方の利益が減るだけで何もメリットはありません。すると、はっきりと協定をしなくても、どの店の売り値も同じような価格に落ち着くことになります。その価格水準とは、限界費

用に等しい価格ではなく、ある程度の利益を確保できる価格である可能性が高いでしょう。

　ゲーム理論に**最後通牒ゲーム**というものがあります。提案者と応答者という二人のプレイヤーがゲームに参加し、まず提案者に一定額のお金（例えば 1000 円）が与えられ、それを二人で分けます。提案者は、応答者と協議することなく、応答者に対して分け前を提案します。応答者はそれを受け入れるか拒否するかを選びます。応答者が受け入れた場合、提案の通りにお金が分配されてゲームは終わります。応答者が拒否した場合は全額没収となり、二人とも何も得られません。このゲームで応答者は、自分の分け前があまりにも少なく不公平だと感じた場合、あえて拒否することで強欲な提案者に報復するという行動をとる傾向があることがわかっています。

　これは、「自分の利益を少しでも多くしたい」という欲求よりも、「他人がフェアでないやり方で得をするのが許せない」という感情の方が強くなる可能性があることを示唆しています。それはつまり、「利潤最大化」という目的は、すべての経済主体が必ずしもつねに最優先しているとは限らないということです。怒りや恨みは、ときに自分の損得勘定を超越します。

　なお、経済学では「生産者」や「消費者」といった抽象化された主体を想定して議論を進めますが、「生産者」にはメーカーも小売も含まれます。後者が生産しているのは財というよりはサービスですが、分類としては生産者になります。

To sum up then as regards short periods. The supply of

specialized skill and ability, of suitable machinery and other material capital, and of the appropriate industrial organization has not time to be fully adapted to demand; but the producers have to adjust their supply to the demand as best they can with the appliances already at their disposal. On the one hand there is not time materially to increase those appliances if the supply of them is deficient; and on the other, if the supply is excessive, some of them must remain imperfectly employed, since there is not time for the supply to be much reduced by gradual decay, and by conversion to other uses. ......

In long periods on the other hand all investments of capital and effort in providing the material plant and the organization of a business, and in acquiring trade knowledge and specialized ability, have time to be adjusted to the incomes which are expected to be earned by them: and the estimates of those incomes therefore directly govern supply, and are the true long-period normal supply price of the commodities produced. (pp.376-377)

「ここで短期に関して総括しておこう。短期においては、専門特化した技能や才能、適切な機械その他の物的資本、そして適切な産業組織、こういったものの供給は、需要に適合するだけの十分な時間がない。生産者は、いま使える設備をもって、需要に対してそれらの供給を可能な限り調整しなければならない。一方において、これら設備の供給が不足して

いても、実質的にそれを増やす時間はない。他方、もし供給が過剰であっても、不完全に操業させるしかない。なぜなら、徐々に損耗したり他の用途へ転用したりすることで供給を大幅に減らす時間がないからである。……

　他方、長期においては、物的設備と企業組織を準備し、事業上の知識と専門的な能力を獲得するのに投入される資本および努力はすべて、それらから得られると期待される所得に見合うものとなるよう調整されるだけの時間がある。それゆえ、これらの所得の推定が供給を直接支配し、生産される商品の真の長期正常供給価格となる。」

　ここではマーシャルの「短期」「長期」概念について改めて述べられています。供給側の条件を調整できるだけの時間があるかどうかが鍵となっています。

Four classes stand out. In each, price is governed by the relations between demand and supply. As regards *market* prices, Supply is taken to mean the stock of the commodity in question which is on hand, or at all events "in sight." As regards *normal* prices, when the term Normal is taken to relate to *short* periods of a few months or a year, Supply means broadly what can be produced for the price in question with the existing stock of plant, personal and impersonal, in the given time. As regards *normal* prices, when the term Normal is to refer to *long* periods of several years, Supply means what can be produced by plant, which itself can be remuneratively produced and applied within the given time; while lastly, there are very gradual or *Secular* movements of normal price, caused by the gradual growth of knowledge, of population and of capital, and the changing conditions of demand and supply from one generation to another. (pp.378-379)

「4つの種類が重要である。いずれも価格は需要と供給の関係によって影響を受ける。市場価格に関しては、供給は対象商品の手許にある在庫量、あるいはとにかく「視界に入っている」在庫量を意味するものと考えられる。正常価格に関しては、正常という言葉が数か月ないしは一年という短期に関して用いられる場合は、供給は大まかに言って、所与の期間で人的および物的なものをあわせた既存の設備を用いて当該価格で生産できるものを意味する。正常価格が数年間の長期にわたる場合は、供給は、利益が出るように生産され、所与の期間内に稼働できるような工場によって生産できるものを意味するものとする。そして最後に、正常価格の非常に漸進的な、超長期の動きがある。それは知識、人口、資本の漸進的な成長と、ある世代から次の世代にかけての需要・供給の条件の変化によって引き起こされる。」

最初の文章の stand out は、辞書には to be much better or more important than sb/sth といった説明があります。試訳では「重要である」としてみましたが、ここは様々な訳語が考えられるとこ

ろです。以下で四種類の時間概念を区別しますよ、という前置き
に相当する文章ですので、そのニュアンスが汲まれていればよい
と思います。

"in sight" を「視界に入っている」と訳しました。いま手許に
なくても、近日中に用意できる見込みがあるなど、あてにできる
入手先があれば、計算できるということでしょう。

四種類の時間が区別されていますが、このうち理論的に考察
されるものは市場価格、**短期正常均衡**、**長期正常均衡**の3つです。
市場価格は、供給曲線が垂直になり、需要が価値を決定する「限
界革命」の議論に相当します。短期正常均衡は、有名な需要と供
給がクロスする図で表されるものです。長期正常均衡では、供給
曲線は水平となり、価値は生産費によって決まる古典派のケース
になります。**超長期**の動きは、もっと長い趨勢的な動向に関する
議論です。世代をまたぐほどの時間が経つと、例えば電話であれ
ば黒電話からスマートフォンへと進化しており、これらを同じ財
として扱うのは難しいでしょう。

Economic progress is constantly offering new facilities
for marketing goods at a distance: it not only lowers cost of
carriage, but what is often more important, it enables producers
and consumers in distant places to get in touch with one
another. In spite of this, the advantages of the producer who
lives on the spot are very great in many trades; they often enable
him to hold his own against competitors at a distance whose
methods of production are more economical. He can sell in his

194

own neighbourhood as cheaply as they can, because though the cost of making is greater for his goods than for theirs, he escapes much of the cost which they incur for marketing. But time is on the side of the more economic methods of production; his distant competitors will gradually get a stronger footing in the place, unless he or some new man adopts their improved methods. (pp.397-398)

「経済的進歩によって、遠隔地に財を販売することはますます容易になりつつある。輸送費が低下するだけでなく、しばしばより重要なこととして、遠く離れた生産者と消費者が互いに接触できるようになる。にもかかわらず、現地に住む生産者の優位性は多くの業種において非常に大きい。この優位性があるため、より経済的な生産方法を採用している遠隔地の競争者に対しても、なんとかやっていけることが多い。近場では可能な限り安く売ることができる。なぜなら、たとえ競争相手よりも高い生産費がかかったとしても、販売にかかる費用の多くを負担せずにすむからである。しかし時とともに、より経済的な生産方法をとる者の優位性が増しつつある。地元の生産者やその後継者が同じように改善された方法を採用するのでない限り、遠隔地の競争相手は彼らの地元においても徐々により強力な地位を築くことになるだろう。」

最初の文章は、直訳すると「経済的進歩は遠隔地に財を販売する新しい便宜を絶えず提供している」となり、これでも意味はわ

かりますが、もう少しこなれた表現を工夫してみます。

　マーシャルの時代から100年経過した現代では、この問題は、実店舗をもつ小売とオンライン販売との競争の問題として考えることができるかもしれません。

　かつては、欲しいものがあれば、直接お店に買いに行くしかありませんでした。買えるものも、そこにあるものに限られます。カタログをみて取り寄せを依頼することはできたかもしれませんが、入荷するまで何週間も待つ必要がありました。ところが現在では、居住地に関係なく、全国で一番安く売ってくれる売手が簡単にみつかり、全国どこでもすぐに配送してくれます。財の種類にもよりますが、売手にとって、競争相手は近隣の競合店だけではなくなっているという問題は、マーシャルの時代よりも切実であるといえるでしょう。店舗を構えると、どうしてもコスト面では不利にならざるを得ませんし、マーシャルのいう「現地に住む生産者の優位性」は現代では小さくなっているといえそうです。

It is true that an adventurous occupation, such as gold mining, has special attractions for some people: the deterrent force of risks of loss in it is less than the attractive force of chances of great gain, even when the value of the latter estimated on the actuarial principle is much less than that of the former; and as Adam Smith pointed out, a risky trade, in which there is an element of romance, often becomes so overcrowded that the average earnings in it are lower than if there were no risks to be run. But in the large majority of cases the influence of risk is in

> the opposite direction; a railway stock that is certain to pay four
> per cent. will sell for a higher price than one which is equally
> likely to pay one or seven per cent. or any intermediate amount.
> (p.400)

「金鉱の採掘のような冒険的な仕事に特別な魅力を感じる
人々もいる。彼らにとっては、損失を被る危険による抑止力
よりも、大儲けできるチャンスの魅力の方が大きいのだ。保
険数理の原理に基づいて計算すると、このチャンスは危険に
見合わないとしても、そうである。アダム・スミスが指摘し
たように、危険の多い業種にはロマンの要素があり、しばし
ば人が殺到するため、危険のない場合に比べて、平均稼得は
低くなってしまう。しかし大抵の場合、危険の影響は反対
方向に作用する。確実に4パーセントの配当が得られる鉄
道株は、配当利回りが1パーセントのこともあれば7パー
セントのこともあればその中間のこともあるような株よりも、
高値で売られるであろう。」

19世紀半ばには世界各地で金が発見され、ゴールドラッシュ
と呼ばれる現象が発生しました。1849年にカリフォルニアに
渡った「フォーティー・ナイナーズ」と呼ばれる人々が特に有名
です。ここでの金鉱採掘は、金鉱会社に雇われる労働者という
よりは、一獲千金めざして個人で採掘に向かったような人を念頭に
置いています。確かにそれで大儲けできた人もいましたが、うま
く財をなした人はごく一握りでしかなく、多くの人は報われませ

んでした。

the value of the latter ... is much less than that of the former は基本的な表現で、素直に訳せば「後者の価値は前者の価値よりはるかに小さい」となります。これで悪いということはないのですが、文脈を踏まえてもう一工夫してみたいところです。「後者の価値」とは、採掘でたくさん金を掘り当てて一儲けできる可能性、その期待値です。「前者の価値」とは「損失を被る危険」ですが、これは仕事を辞めてまで金鉱に向かったものの、それに見合う対価が得られない可能性、その期待値を指します。試訳では、大儲けできるチャンスが危険に見合わない、としてみました。

Again supplementary costs are, as a rule, large relatively to prime costs for things that obey the law of increasing return than for other things; because their production needs the investment of a large capital in material appliances and in building up trade connections. This increases the intensity of those fears of spoiling his own peculiar market, or incurring odium from other producers for spoiling the common market; which we have already learnt to regard as controlling the short-period supply price of goods, when the appliances of production are not fully employed. (pp.458-459)

「また補足的費用は一般に、収穫逓増法則にしたがう財については他の財の場合に比べて、主要費用よりも大きい。なぜなら、そのような財の生産には、物的な設備や取引関係の構

築に大きな資本を投資する必要があるからである。そのため、自身の市場を損なったり、共通市場を損ねたことで他の生産者の恨みを買ったりすることを強く恐れるようになる。すでに述べたように、これこそが、生産設備が不完全にしか操業していない場合に財の短期供給価格を支配する要因と考えられる。」

「市場を損なう」とは具体的には、値崩れして、見込んでいた利益が得られなくなることを指します。産油国の協調減産が崩れて原油価格が暴落したといったニュースを目にすることがありますが、それなどはまさにこの例です。マーシャルの生産者は、完全競争モデルのそれとは異なり、ライバル企業を強く意識している主体として描かれています。

(note) Some, among whom Cournot himself is to be counted, have before them what is in effect the supply schedule of an individual firm; representing that an increase in its output gives it command over so great internal economies as much to diminish its expenses of production; and they follow their mathematics boldly, but apparently without noticing that their premises lead inevitably to the conclusion that, whatever firm first gets a good start will obtain a monopoly of the whole business of its trade in its district. (p.459)

「(注) クールノーも含めた一部の人々は、要するに個別企

業の供給表について考えていたが、産出量の増大は非常に大きな内部経済を生み出すため、生産経費を大きく低下させると主張した。そして数学的推論を大胆に推し進めた。しかし彼らが明らかに見落としていたことは、その前提からすると、好スタートを切った企業はその地域におけるその業種で事業全体を独占することになるという結論に必然的に導かれてしまうということである。」

　これは後にスラッファのマーシャル批判における論点とも関わってくることですが、マーシャルは内部経済という概念を考案しつつも、それをあまり強調することは控えていました。というのも、内部経済の影響が大きいと、理論上は、それを一番享受できる企業が競争によってライバルをすべて淘汰してしまうからです。そうなると、マーシャルの想定する自由競争という枠組みと両立しなくなってしまいますし、現実には必ずしも独占企業ばかりではないことの説明がつかなくなってしまいます。

　この問題はマーシャル自身も認識していたわけですが、後にスラッファは、外部経済の方も、「他の事情が等しいならば」という部分均衡分析の手法との整合性に問題があるとし、**ケンブリッジ費用論争**という大論争を巻き起こすことになりました。

But such notions must be taken broadly. The attempt to make them precise over-reaches our strength. If we include in our account nearly all the conditions of real life, the problem is too heavy to be handled; If we select a few, then long-drawn-out and subtle reasonings with regard to them become scientific toys rather than engines for practical work.

The theory of stable equilibrium of normal demand and supply helps indeed to give definiteness to our ideas; and in its elementary stages it does not diverge from the actual facts of life, so far as to prevent its giving a fairly trustworthy picture of the chief methods of action of the strongest and most persistent group of economic forces. But when pushed to its more remote and intricate logical consequences, it slips away from the conditions of real life. In fact we are here verging on the high theme of economic progress; and here therefore it is especially needful to remember that economic problems are imperfectly presented when they are treated as problems of statical equilibrium, and not of organic growth. For though the statical treatment alone can give us definiteness and precision of thought, and is therefore a necessary introduction to a more philosophic treatment of society as an organism; it is yet only an introduction.

The Statical theory of equilibrium is only an introduction to economic studies; and it is barely even an introduction to the study of the progress and development of industries which show a tendency to increasing return. Its limitations are so constantly overlooked, especially by those who approach it from an abstract point of view, that there is a danger in throwing it into definite form at all. (pp.460-461)

「しかしそのような考えは大まかなものとして理解しなければならない。それらを正確に表現しようという試みは、我々の手に負えない。説明のなかに実生活の条件をほぼ全部取り入れようとすると、問題は難解すぎて処理できなくなる。少数の条件を選び、それらに関する長ったらしく微妙な推論を進めても、実際の仕事に役立つエンジンというよりは科学的な玩具になってしまう。

　正常な需要と供給の安定均衡の理論は、我々の考えを明確にするのに役立つ。そして初歩の段階では生活の実態から離れることはない。最も強力で持続的な経済的諸力の作用の仕方について、かなり信頼できる描写を提供できる。しかしそれをさらに遠くまで、複雑な論理的帰結まで推し進めると、実生活の様子と合わなくなってしまう。実際、我々はここで経済進歩という高度なテーマにさしかかりつつある。そして経済問題を静学的な均衡の問題として扱い、有機的成長の問題として扱わないならば、不完全にしか提示できないことを覚えておく必要がある。静学的処理のみが思考の明確さと正確さを与えることができるのであり、それは社会を有機体としてみるという、より哲学的な処理に必要な導入となる。しかしそれはあくまで導入にすぎないのである。

　静学的な均衡理論は経済研究の導入部分にすぎない。それは収穫逓増の傾向を示す産業の進歩と発展を研究する際にはほとんど導入にすらならない。その理論の限界は絶えず看過されがちであり、とりわけ抽象的観点からアプローチする

人々にとっては特にそうであるため、それに明確な形を与えるのは危険である。」

　マーシャルの方法論が改めて表明されている重要な箇所です。マーシャルは理論の現実性につねに気を配り、理論のための理論、机上の空論になることをつねに警戒していました。マーシャルの死後、ミクロ経済学は数理的な分析の側面において大きな前進を遂げましたが、なかにはマーシャルが見たら「科学的な玩具」と眉をひそめたくなるようなものもあったかもしれません。

　マーシャルの名は部分均衡分析と深く結びついていますが、実は『原理』の数学付録 XXI において一般均衡分析にも触れています。ただ、マーシャルは一般均衡分析を重要と考えつつも、本文で扱うことはありませんでした。

There is indeed one interpretation of the doctrine according to which every position of equilibrium of demand and supply may fairly be regarded as a position of maximum satisfaction. For it is true that so long as the demand price is in excess of the supply price, exchanges can be effected at prices which give a surplus of satisfaction to buyer or to seller or to both. The marginal utility of what he receives is greater than that of what he gives up, to at least one of the two parties; while the other, if he does not gain by the exchange, yet does not lose by it. So far then every step in the exchange increases the aggregate satisfaction of the two parties. But when equilibrium has been reached, demand price being now equal to supply price, there is no room for any such surplus: the marginal utility of what each receives no longer exceeds that of what he gives up in exchange: and when the production increases beyond the equilibrium amount, the demand price being now less than the supply price, no terms can be arranged which will be acceptable to the buyer, and will not involve a loss to the seller.

It is true then that a position of equilibrium of demand and supply is a position of maximum satisfaction in this limited sense, that the aggregate satisfaction of the two parties concerned increases until that position is reached; and that any production beyond the equilibrium amount could not be permanently maintained so long as buyers and sellers acted freely as individuals, each in his own interest.

But occasionally it is stated, and very often it is implied, that a position of equilibrium of demand and supply is one of maximum aggregate satisfaction in the full sense of the term: that is, that an increase of production beyond the equilibrium level would directly ...... diminish the aggregate satisfaction of both parties. The doctrine so interpreted is not universally true.

In the first place it assumes that all differences in wealth between the different parties concerned may be neglected, and that the satisfaction which is rated at a shilling by any one of them, may be taken as equal to one that is rated at a shilling by any other. ......

But in the second place the doctrine of maximum satisfaction assumes that every fall in the price which producers receive for the commodity, involves a corresponding loss to them; and this is not true of a fall in price which results from improvements in industrial organization. When a commodity obeys the law of increasing return, an increase in its production beyond equilibrium point may cause the supply price to fall much; and though the demand price for the increased amount may be reduced even more, so that the production would result in some loss to the producers, yet this loss may be very much less than that money value of the gain to purchasers which is represented by the increase of consumers' surplus.

In the case then of commodities with regard to which the law of increasing return acts at all sharply, or in other words, for which the normal supply price diminishes rapidly as the amount produced increases, the direct expense of a bounty sufficient to call forth a greatly increased supply at a much lower price, would be much less than the consequent increase of consumers' surplus. (pp.470-472)

　「確かにこの学説には一つの解釈が存在し、それによると、需要と供給の均衡点はすべて極大満足の点であると考えてよいという。なぜなら、需要価格が供給価格を上回っている限り、交換をすることによって、売手か買手かないしはその両方が満足の余剰を得られる価格が実現し得るからである。二

人の当事者のうち少なくとも一人にとっては、受け取るものの限界効用は断念するものの限界効用よりも大きい。もう一人の方も、その交換で得をしなかったとしても、損をするようなことはない。その限りでは、交換のどのステップも双方の満足の総計を増大させる。しかし均衡に到達すると、需要価格は供給価格と等しくなり、もはやそのような余剰が得られる余地はない。各人が受け取れるものの限界効用は、交換に提供するものの限界効用を上回ることはない。そして生産が均衡量を超えて増加すると、需要価格は供給価格を下回ってしまい、買い手が受け入れることができてかつ売手に損失を与えないような交換条件はもはや成り立たなくなる。

需要と供給の均衡点は、この限られた意味において極大満足の点であることは確かである。すなわち、双方の満足の総計はこの均衡点に達するまでは増加し、均衡量を超えて行われる生産は、買い手と売り手がそれぞれ自身の利益を求めて個人として自由に行動する限り、永続的に維持することはできないということは事実である。

しかし時おり述べられ、また暗に示唆されることが非常に多いのは、需要と供給の均衡点は本当の意味で総満足が極大になる点の一つであるという主張である。すなわち均衡水準を超えた生産の増大は、直接的に……双方の総満足を減少させるという主張である。このように解釈された場合、この学説は普遍的に正しいとは言えない。

第一に、それは当事者間の豊かさの違いを無視してもよいと想定している。すなわち、ある人にとっての1シリングで

測られる満足は、別の人にとっての1シリングで測られる満足の価値と同じと考えてよいと想定している。

……しかし第二に、極大満足説は、生産者が商品を売って受け取る対価が下落すると、それに応じた損失を被るものと想定している。産業組織の改良が原因で価格が低下する場合にはこの想定は正しくない。商品が収穫逓増法則にしたがう場合には、均衡点を超えた生産の増加は供給価格を大幅に下落させるかもしれない。量が増大したことで需要価格がそれ以上に低下し、生産をすることで生産者に損失をもたらすかもしれない。しかしこの損失は、消費者余剰の増大によって表される消費者の利益を貨幣換算したものに比べると、ずっと少ないかもしれない。

それゆえ収穫逓増法則が強くはたらくような商品の場合には、換言すれば、その正常供給価格が生産量の増加につれて急速に低下するような商品の場合には、はるかに低い価格で供給の大幅な増加を引き出せるほどの補助金を出せば、その直接の経費よりはるかに大きな消費者余剰の増加が生み出されるであろう。」

第5編の最後にマーシャルの極大満足説批判をとりあげておきましょう。極大満足説とは、需給均衡点が極大満足をもたらす点であるという考え方です。つまり、すべてを市場メカニズムにゆだねた場合に達成される需給均衡点こそが経済的に最も好ましい点であるという主張です。マーシャルは統制経済には明確に反対していましたし、基本的に自由市場経済を肯定していますが、

無条件で礼賛していたわけではありません。そしてこの説に対して、二つの点から限定を加えています。

　一つは、極大満足説はすべての人にとって貨幣の限界効用が等しいという仮定をおいているという点で、これは富の分布の不平等を考慮していません。もし富者と貧者で貨幣の限界効用が異なるならば、再分配によって総効用は増大する可能性があります。

　第二に、当該商品の生産に収穫逓増がはたらく場合、補助金を出して生産を奨励することで、総効用が増大する余地があるという点です。マーシャル自身は政府の経済介入について積極的に推奨してはいませんが、これらの示唆は、後継者であるピグーの厚生経済学に道を開くものであったといえるでしょう。

# 第8章

## 『経済学原理』　第6編

## 国民所得の分配

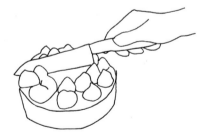

マーシャルの『原理』の構成は版によって様々な変更が加えられていますが、第6編のタイトルが現行のように The Distribution of the National Income となったのは第5版（1907年）以降のことです（この箇所は第4版までは Value, or Distribution and Exchange と題されていました）。第5版では大きな改訂がほどこされており、国民所得の分析という新しい視点が登場します。

既にみたように、現代経済学において受容され共有財産となっているマーシャルの理論的業績の多くは第3編、第5編にあるわけですが、マーシャル自身が最も重視していたのはこの第6編でした。ここで論じられる分配論は、J. S. ミルの流れを汲むものです。マーシャルは、分配問題は自然法則ではなく人為的なものであり、変えていくことができるという信念をミルと共有していました。

> But it was only in the last generation that a careful study was begun to be made of the effects that high wages have in increasing the efficiency not only of those who receive them, but also of their children and grandchildren. In this matter the lead has been taken by Walker and other American economists;

and the application of the comparative method of study to the industrial problems of different countries of the old and new worlds is forcing constantly more and more attention to the fact that highly paid labour is generally efficient and therefore not dear labour; a fact which, though it is more full of hope for the future of the human race than any other that is known to us, will be found to exercise a very complicating influence on the theory of distribution. (p.510)

「高い賃金は、それを受け取る人々だけでなく、その子や孫の能率をも増大させる。この効果に関して、入念な研究が開始されたのは、ほんの一世代前のことである。この問題に関しては、ウォーカーや他のアメリカの経済学者たちが先導してきた。そして欧米の様々な国の産業上の諸問題について比較研究の方法が適用されるようになったことで、高賃金の労働は一般に効率的で、それゆえ高くつくわけではないという事実にますます多くの注意が払われるようになった。この事実は、これまで知られているいかなる事実にもまして、人類の将来にとって希望をもたせるものであるが、分配の理論に対しては、実に複雑な影響を及ぼすことが明らかになるであろう。」

ケインズ以前の「古典派」の賃金論がどのようなものであったかは興味深い問題です。よく知られているように、ケインズは『一般理論』冒頭付近で、古典派経済学の二つの公準を提示しま

した。これは、実際の古典派が必ずしもこのように論じていたというわけではないのですが、古典派理論を突き詰めると、その背後にはこのような想定があるとして、ケインズが再構成したものです。

**古典派の第一公準**は、「賃金は労働の限界生産物に等しい」というものです。これは、企業が労働者を雇う際に、どのような基準で賃金を定めるか、を考えるものです。労働者の賃金は、その労働が生み出す付加価値に等しくなる、もっとくだけた言い方をするなら、会社が従業員に給料をいくら払うかは、その従業員の働きによって会社にどれだけのお金をもたらしてくれるかによって決まる、ということです。縦軸に実質賃金、横軸に雇用量をとったグラフで、右下がりの労働需要曲線として描かれます。

**古典派の第二公準**は、「一定量の労働量が雇用されている場合、賃金の効用はその雇用量の限界不効用に等しい」というものです。こちらは、労働者が自由に労働時間を決めることができるという前提のもと、どれだけ働くかを決める際の判断基準となるものです。労働時間が長くなるにつれて次第に疲れがたまり、苦痛は増していきます。そして労働者は、追加的に一時間働くことの辛さとその一時間の労働で得られる報酬とを天秤にかけて、両者が釣り合うところまで仕事をする、という考え方です。これは、同様のグラフで右上がりの労働供給曲線として描かれます。

こうした考え方にはいくつか問題があります。例えば、労働時間を労働者が自由に決められる、という前提が満たされるのは、一部の職種に限られるでしょう。有給休暇などを別とすれば、フルタイムで勤務している会社員が、今日は遊びたいからお昼で帰

る、といった選択を日々行うのは現実的ではありません。それどころか、定時で帰りたいけれども残業せざるを得ない、というケースも多いでしょう。ここでは深入りしませんが、『一般理論』でケインズが特に問題視したのも、第二公準でした。

　雇う側にとって賃金はコストですが、高賃金を支払うことで、労働者のやる気や能率が向上し、結果的に安くつくという**高賃金の経済論**は、アダム・スミスにもみられるものです。古典派の二つの公準で考えると、賃金は労働の需給で決まるため、失業の原因は（実質）賃金が高すぎるからだ、という結論が出てきてしまうのですが、興味深いことに、実際の「古典派」はむしろ高賃金を奨励していました。古典派経済学の時代には失業問題は、まだ経済学にとって大きな研究課題ではありませんでした。マーシャルの『原理』の索引にも「**失業 unemployment**」という用語は一か所（p.710）しか登場しません。

　the old and new worlds について、旧世界とはヨーロッパ、新世界とはアメリカのことを指しています。そのまま「旧世界と新世界」と訳してもよいですが、日本語としての自然さを重視するなら、その意を汲んで「ヨーロッパとアメリカ」あるいは「欧米」などと訳すのもよいでしょう。

　「highly paid labour は dear labour ではない」という部分の、前者は高賃金ですが、dear には高価というだけでなく、法外に高すぎる、という意味もありますので、「高くつくわけではない」と訳してみました。

Subject to conditions ...... the wages of every class of labour

214

tend to be equal to the net product due to the additional labour of the marginal labourer of that class.

This doctrine has sometimes been put forward as a theory of wages. But there is no valid ground for any such pretension. The doctrine that the earnings of a worker tend to be equal to the net product of his work, has by itself no real meaning; since in order to estimate net product, we have to take for granted all the expenses of production of the commodity on which he works, other than his own wages.

But though this objection is valid against a claim that it contains a theory of wages; it is not valid against a claim that the doctrine throws into clear light the action of one of the causes that govern wages. (p.518)

「……条件つきであるが……どの階層の労働の賃金も、その階層の限界労働者の追加的労働によって生み出される純生産物に等しくなる傾向がある。

　この学説は時に賃金の理論として提示されることがある。しかしそのように言える根拠は何もない。労働者の稼得はその労働の純生産物に等しくなる傾向があるという学説は、それ自体としては真の意味をもたない。なぜなら、純生産物を推定するには、彼が生産している商品の生産経費のうち、彼の賃金以外の経費はすべて所与とみなさなければならないからである。

　この学説が賃金の理論であるという主張に対してこのよう

に反対するのは妥当である。しかし、これが賃金を決める諸要因の一つの作用を解明するものであるという主張にまで反対するのは正しくない。」

　これは、先ほど触れたケインズが定義するところの「古典派の第一公準」に相当する文言です。企業が労働者を雇用するにあたって考えることは利潤の最大化ですが、これを、労働者をどれだけ雇用するか、という観点からみたものが第一公準になります。一単位の労働が生み出す付加価値が、その労働を雇用するのにかかるコスト（賃金）よりも大きければ企業はその労働者を雇用します。

　ただし、マーシャルはこの文章に付された注で、この議論は収穫逓増産業にはあてはまらないことを指摘し、これを「賃金の理論」とすることは否定しています。ただ、賃金を決定する諸要因の一つであることは否定しない、と言っています。ケインズも『一般理論』のなかで、この第一公準については特に否定していません。

　では第二公準についてはどうでしょうか。生産要因を議論する第4編第1章で、マーシャルは the marginal disutility of labour generally increases with every increase in its amount「労働の限界不効用は、一般に労働量が増大するにつれて増大する」（p.141）と述べていました。ここから、労働の限界不効用が逓増する関係を、右上がりの労働供給曲線と考えることもできますが、一方で、毛並みの違う議論もあります。例えば『原理』第6編第1章の長い注で述べられている雇用理論の算術例がそれです（pp.516-

517n）。

　あるイギリスの牧場で羊飼いを雇用する事例で、羊飼いの人数が8人から12人までのケースが考察されています。雇われた羊飼いが世話をでき、出荷できる羊の頭数はそれぞれ、羊飼いが8人いるときは羊580頭、羊飼い9人では615頭、10人では640頭、11人では660頭、羊飼い12人では676頭とされています。労働の限界生産物はそれぞれ35、25、20、16と逓減しています。これは右下がりの労働需要曲線を想定しているとみてよいでしょう。一方、賃金支払い額は、羊飼いが8人のときは総支払額160、9人のときは180、10人のときは200、11人のときは220、12人のときは240となっており、一人当たりの賃金支払い額は20で一定です。つまりここでは労働供給曲線は水平のものが想定されており、また生産を拡大するために労働時間の延長ではなく、労働者の追加雇用を想定しています。

　もっとも、マーシャルの議論は個別の例で、ケインズが問題にしているのは集計量ですが、ケインズ自身、古典派の公準を議論する際に個別企業の議論と全体の議論を明示的には区別しておらず、あいまいなところが残っています。ケインズも『一般理論』のなかで、名指しでマーシャルの雇用理論を批判することは避けました（この部分の解説は、拙稿「ケンブリッジ学派の雇用・利子・貨幣理論とケインズ」『現代思想』vol.37-6、2009年をもとにしています）。

When we speak of the national dividend, or distributable net income of the whole nation, as divided into the shares of land, labour and capital, we must be clear as to what things we are including, and what things we are excluding. ......

The labour and capital of the country, acting on its natural resources, produce annually a certain *net* aggregate of commodities, material and immaterial, including services of all kinds. The limiting word "net" is needed to provide for the using up of raw and half-finished commodities, and for the wearing out and depreciation of plant which is involved in production: ......

......it is best here to follow the common practice, and not count as part of the national income or dividend anything that is not commonly counted as part of the income of the individual. This, unless anything is said to the contrary, the services which a person renders to himself, and those which he renders gratuitously to members of his family or friends; the benefits which he derives from using his own personal goods, or public property such as toll-free bridges, are not reckoned as parts of the national dividend, but are left to be accounted for separately.

Some part of production goes to increase the stock of raw material, machinery, etc., and does not merely replace material that has been used up, or machinery that has been worn out: and this part of the national income or dividend does not pass direct into personal consumption. But it does pass into consumption in the broad sense of the term which is commonly used by, say, a manufacturer of printing machines, when some of his stock is sold to printers. And in this broad sense it is true that all production is for consumption; that the national dividend is convertible with the aggregate of net production, and also with the aggregate of consumption. (pp.523-524)

...... this national dividend is at once the aggregate net product of, and the sole source of payment for, all the agents of production within the country: it is divided up into earnings of labour; interest of capital; and lastly the producer's surplus, or rent, of land and of other differential advantages for production. It constitutes the whole of them, and the whole of it is distributed among them; and the larger it is, the larger, other things being equal, will be the share of each of them. (p.536)

　「国民分配分、あるいは国民全体の分配可能な純所得は、それぞれ土地、労働および資本の分け前へと分配される。これについて語る際、何を含めて何を含めないかをはっきりさせなければならない。……

　一国の労働と資本は、自然の資源に働きかけて、あらゆる種類のサービスを含め、物質的であれ非物質的であれ、商品のある純集計量を毎年生産する。「純」という限定をつけるのは、原料や半製品を消耗し、生産に用いられた設備の消耗と減価償却を考慮する必要があるためである。……

　ここでは通常の慣習に従って、一般に個人の所得に含められないようなものは、国民所得ないしは国民分配分にも含め

ないようにするのがよいだろう。したがって、特に断りのない限り、個人が自分のために行うサービス、友人や家族のために無償で行うサービス、自分の所有物や無料で利用できる橋のような公有財産を利用することから得られる便益、こういったものは国民分配分の一部には含めない。これらは別途考察されるべきである。

　生産の一部は、単に使い果たした原料を補充したり消耗した機械を交換したりするためだけでなく、原料や機械等のストックを増やすのにも充てられる。国民所得あるいは国民分配分のこの部分は、直接個人消費になるわけではない。しかしこれは広い意味では消費である。ちょうど印刷機の製造業者が製品ストックの一部を印刷業者に売る場合にそういわれるように。そしてこの広い意味においては、すべての生産は消費に向けられるといえるし、また、国民分配分は純生産の総計および消費の総計に置き換えることができる。」

「この国民分配分は、国内のすべての生産要因の純生産物の集計量であると同時に、それらに対する支払いの唯一の源泉である。それは、労働の稼得、資本の利子、そして土地その他の比較優位性に対する生産者余剰あるいは地代に分けられる。国民分配分はそれら全部を構成し、またそのすべてがそれらへと分配される。他の事情が等しいならば、国民分配分が大きいほど、それぞれの分け前も大きくなる。」

マクロ経済学、特に**国民経済計算**に関するきわめて重要な知見

が述べられています。

二つ目のパラグラフでは、**グロスとネット**の区別に相当する議論で、固定資本減耗（減価償却）を考慮するネットの概念が定義されています。

三つ目のパラグラフは、今風に言うならば**GDPに含まれるも**のと含まれないものを区別する議論です。

最後のパラグラフは、現代のマクロ経済学でいうところの**三面等価の原則**を示唆しています。一国において一年間に生産された付加価値の合計、所得、支出、いずれの観点からみても同じになるというものですが、マーシャルははっきりとそのことを捉えています。ケインズが国民所得決定理論を樹立したことでマクロ経済学という学問分野が誕生することになったわけですが、その背景にはマーシャルによる国民所得の把握という下地があったのです。

現代的な国民所得の推計が誕生するにあたっては20世紀のサイモン・クズネッツの研究をまたねばなりませんが、このマーシャルの先駆性はもっと注目されてよいように思います。

But though saving in general is affected by many causes other than the rate of interest: and though the saving of many people is but little affected by the rate of interest; while a few, who have determined to secure an income of a certain fixed amount for themselves or their family, will save less with a high rate than with a low rate of interest: yet a strong balance of evidence seems to rest with the opinion that a rise in the rate of interest, or demand-price for saving, tends to increase the volume of saving.

Thus then interest, being the price paid for the use of capital in any market, tends towards an equilibrium level such that the aggregate demand for capital in that market, at that rate of interest, is equal to the aggregate stock forthcoming there at that rate. If the market, which we are considering, is a small one – say a single town, or a single trade in a progressive country – an increased demand for capital in it will be promptly met by an increased supply drawn from surrounding districts or trades. But if we are considering the whole world, or even the whole of a large country as one market for capital, we cannot regard the aggregate supply of it as altered quickly and to a considerable extent by a change in the rate of interest. For the general fund of capital is the product of labour and waiting; and the extra work, and the extra waiting, to which a rise in the rate of interest would act as an incentive, would not quickly amount to much as compared with the work and waiting, of which the total existing stock of capital is the result. An extensive increase in the demand for capital in general will therefore be met for a time not so much by an increase of supply, as by a rise in the rate of interest; which will cause capital to withdraw itself partially from those uses in which its marginal utility is lowest. It is only slowly and gradually that the rise in the rate of interest will increase the total stock of capital. (pp.533-534)

「貯蓄一般は利子率以外の多くの要因の影響を受ける。また、どれくらい貯蓄するかについて、利子率にほとんど影響されない人々も大勢いる。自分のためないしは家族のために、一定額の所得を確保しようと決めている人のなかには、利子率が低い場合よりも利子率が高い場合の方が、貯蓄を減らす者もわずかながら存在する。とはいえ、利子率あるいは貯蓄の需要価格が上昇すると貯蓄の量は大きくなる傾向があるという見解には、強い証拠があるように思われる。

　それゆえ利子率は、市場で資本を利用することに対して支払われる価格であり、その市場におけるその利子率での資本に対応する総需要が、その利子率で供給される総ストックと等しくなる均衡水準に向かう傾向がある。我々が考察している市場が小規模である場合、——例えば発展しつつある国における一つの町、あるいは一つの業種のような——資本に対する需要が増大すると、周辺の地域や業種からの供給が増大することで速やかに満たされるであろう。しかし世界全体を一つの資本市場と考える場合、あるいはある大国全体をそう考える場合でさえ、資本の総供給が利子率の変化によって迅速かつ大幅に変化すると考えることはできない。なぜなら資本の一般的な基金は、労働と待忍の産物であるが、利子率の上昇が誘因となって生み出される追加の労働と待忍は、既存の資本ストックの総額を生み出した労働と待忍と比べて、急に大きなものになっていくことはないからである。したがって、資本一般に対する需要の著しい増加は、しばらくは供給

の増加よりも利子率の上昇を招くであろう。そして利子率が上昇すると、資本の限界効用が最も低い用途から資本が一部引き揚げられるだろう。利子率の上昇はゆっくりと少しずつ総資本ストックを増大させるにすぎない。」

これは、ケインズが『一般理論』第14章の補論で「マーシャルの利子論」として引用している文章です。ケインズは、貨幣を考慮しない書物のなかに貨幣経済に属する「利子」の概念が混入したことから混乱が生じていると指摘しました。

実際には、マーシャル体系には実物利子率（長期利子率）と貨幣利子率（短期利子率）の二つの利子率が混在しており、ここで述べられているのはマーシャルの実物利子論です。ケインズが批判の槍玉にあげたのはマーシャルの実物利子論でしたが、マーシャルの貨幣利子論はケインズの**流動性選好説**につながっているという議論もあります。ここでは立ち入りませんが、マーシャルの利子論とケインズによる批判については拙著『ケンブリッジ学派のマクロ経済分析』第7章で論じていますので、関心のある方は参照してください。

......it may be well to insist again that we do not assume that competition is perfect. Perfect competition requires a perfect knowledge of the state of the market; and though no great departure from the actual facts of life is involved in assuming this knowledge on the part of dealers when we are considering the course of business in Lombard Street, the Stock Exchange, or in a wholesale Produce Market; it would be an altogether unreasonable assumption to make when we are examining the causes that govern the supply of labour in any of the lower grades of industry. For if a man had sufficient ability to know everything about the market for his labour, he would have too much to remain long in a low grade. The older economists, in constant contact as they were with the actual facts of business life, must have known this well enough; but partly for brevity and simplicity, partly because the term "free competition" had become almost a catchword, partly because they had not sufficiently classified and conditioned their doctrines, they often seemed to imply that they did assume this perfect knowledge. (p.540)

「我々は競争が完全であると想定しているわけではないことを、ここでもう一度主張しておくのがよいかもしれない。完全競争であるためには、市場の状態についての完全な知識が必要である。ロンバード街の証券取引所や卸売商品市場における取引を考える際には、ディーラーたちがそのような知識をもっていると想定しても、実情からそう大きく外れることはない。しかし、より単純な労働の供給を規制する諸要因を吟味する際には、そのような想定はまったく不当であろう。というのも、もしある人が、自分の労働する市場について何もかも知るほどの能力をもっているならば、そのような低い職位に長くとどまっていることはないだろう。昔の経済学者

たちは、そのような実情によく通じていたため、このことを
よくわかっていたに違いない。しかし、一つには簡略化と単
純化のため、また「自由競争」という言葉がほとんど一つの
決まり文句になっていたため、さらには彼らがその学説を十
分に分類したり条件付けしたりしなかったため、彼らはこの
完全知識を想定しているとみなされてきた。」

lower grade(s) という表現が 2 回でてきますが、少々訳しにく
い表現です。ここで低いグレードの労働というのは、専門知識や
高度なスキルを必要としない単純労働を念頭においていますが、
一方、当時のイギリスは階級社会であり、文脈によってはそのま
ま「低い職位」といった表現の方がしっくりくることもあります。
試訳では、前者を「単純な労働」と意訳し、後者は当時の「低い
職位」としてみました。

The older economists, however, went on to say that the
amount of wages was limited by the amount of capital, and this
statement cannot be defended; at best it is but a slovenly way
of talking. It has suggested to some people the notion that the
total amount of wages that could be paid in a country in the
course of, say a year, was a fixed sum. If by the threat of a strike,
or in any other way, one body of workmen got an increase of
wages, they would be told that in consequence other bodies of
workmen must lose an amount exactly equal in the aggregate to
what they had gained. Those who have said this have perhaps

thought of agricultural produce, which has but one harvest in the year. If all the wheat raised at one harvest is sure to be eaten before the next, and if none can be imported, then it is true that if anyone's share of the wheat is increased, there will be just so much less for others to have. But this does not justify the statement that the amount of wages payable in a country is fixed by the capital in it, a doctrine which has been called "the vulgar form of the Wages-fund theory." (p.823)

「しかしながら、昔の経済学者たちはさらに、賃金の総額は資本の総額によって制限されると述べた。この主張は擁護できない。ひいき目に見ても、いい加減な言い方だと言わざるを得ない。この主張が示唆している考え方は、一国において、例えば一年間に支払うことができる賃金の総額は固定された額である、というものである。ストライキやその他の手段で、ある労働者の集団が賃金の増額を勝ち取ったとすると、結果として別の労働者集団の賃金はちょうど同じ額だけ減らざるを得ない。このような主張をした人々はおそらく、一年に一度しか収穫できない農産物を念頭においていたのだろう。もしある収穫期にとれた小麦が次の収穫期までにすべて消費されてしまい、かつ輸入もできないとすれば、誰かの小麦の分け前が増えれば他の人の分け前が減ってしまうのは確かである。しかしこのことは、一国で支払うことができる賃金の総額はその国の資本によって固定されているという命題、すなわち「賃金基金説の通俗的形態」と呼ばれる学説を正当化す

るものではない。」

　付録 J から**賃金基金説**について論じた一節を紹介します。ここにはマーシャルの国民所得に関する考え方がよくあらわれています。第5編における短期・長期の定義からも明らかなように、長期においては資本ストックは不変ではありません。賃金基金説の前提となっている資本ストック一定という仮定をマーシャルは受け入れませんでした。『原理』545頁では、賃金はフローからの支払いであり、そしてフローの成長とともにストックも成長していくことが指摘されています。また、全体として賃金が増加する余地はないという賃金基金説の主張も、マーシャルの立場とは異なります。

　第6編の国民所得論では、国民所得の成長が議論されますが、そこでマーシャルは、賃金の上昇によって労働者の生活基準が向上し、企業の経済騎士道の発露とあいまって、有機的成長が実現されるというシナリオを描いています。これこそが、マーシャルがこの『経済学原理』で最も言いたかったことに他なりません。マーシャルは社会改良、貧困の除去の手助けをするために経済学の研究を始めました。そして貧困の原因は、低賃金にありました。なぜ労働者の賃金が低いままかといえば、多くの労働者は教育がなく生産性が低いからです。であれば、何にもましてやるべきことは、生産性の向上、そのための教育への投資ということになります。マーシャルは、最も重要な投資は教育に対する投資であると随所で強調しています。歴史的にみても、1850年代から第一次世界大戦までの時期に、イギリスの労働者の賃金および生活水

準は向上したようです。

　The amount of wages の amount は、文脈から「総額」と訳しました。その少し先に the total amount of wages という表現が出てきて、こちらも「総額」という意味になるので、両者を訳し分ける必要があるかどうか、ですが、賃金基金説の言わんとしていることを汲み取ると、どちらも「総額」としておいて問題ないと考えました。

　It has suggested to some people の to some people は、その主張が that 以下の考えを「若干の人々に」示唆したということですが、この部分はいちいち訳出する必要はないと思います。大切なことは、原著者が説明している理論や考え方を、正確にわかりやすく日本語に置き換えることであって、単語レベルでの対応ではありません。

　　When we come to discuss the causes of alternating periods of inflation and depression of commercial activity, we shall find that they are intimately connected with those variations in the real rate of interest which are caused by changes in the purchasing power of money. For when prices are likely to rise, people rush to borrow money and buy goods, and thus help prices to rise; business is inflated, and is managed recklessly and wastefully; those working on borrowed capital pay back less real value than they borrowed, and enrich themselves at the expense of the community. When afterwards credit is shaken and prices begin to fall, everyone wants to get rid of commodities and get hold of money which is rapidly rising in value, this makes prices fall all the faster, and the further fall makes credit shrink even more, and thus for a long time prices fall because prices have fallen. (pp.594-595)

　「商業活動の膨張と収縮の交替の原因を論じるにあたって、それらが貨幣の購買力の変動によって引き起こされる実質利子率の変化と密接に結びついていることがわかってくるだろう。というのも、物価が上昇しそうなときには人々は借金をしてものを買おうと殺到し、そのことがまた物価を上昇させるからである。事業は膨張し、向こう見ずで無駄の多い経営になる。借入れた資本で仕事をしている人々は、借入れたものより実質的に少ない価値のものを返済することになり、社会の犠牲において豊かになる。やがて信用が揺らぎ、物価が下落し始めると、誰もが商品を手放し、価値の急速に上昇しつつある貨幣を手に入れようとする。このことが物価の下落をさらに加速させる。そしてさらなる物価の下落は信用をさらに収縮させ、物価の下落が下落を生むという状態が長く続くことになる。」

　冒頭の文章では inflation と depression が対になっています。それぞれの単語の意味は、通常では inflation はインフレーション、depression は不況ですが、この二つの訳語を並べるのではややちぐはぐな感じがします。inflation には膨張、depression には落ち込み、という意味もありますので、ここでは商業活動の膨張と収

縮、としました。もっとも、商業活動の膨張期には、貨幣価値の持続的下落という（通常使われる）意味でのインフレーションが起きやすいのも事実です。

　このパラグラフは内容的にも重要なところで、実質利子率と名目利子率の区別を示唆しています。現在、実質利子率と名目利子率の関係については**フィッシャー方程式**（実質利子率＝名目利子率－期待インフレ率）として知られているものがありますが、マーシャルは両者の乖離を景気循環の文脈で論じました。

> We must call to mind the fact that the struggle for survival tends to make those methods of organization prevail, which are best fitted to *thrive in* their environment; but not necessarily those best fitted to *benefit* their environment, unless it happens that they are duly rewarded for all the benefits which they confer, whether direct or indirect. And in fact this is not so. For as a general rule the law of substitution — which is nothing more than a special and limited application of the law of survival of the fittest — tends to make one method of industrial organization supplant another when it offers a direct and immediate service at a lower price. (pp.596-597)

　「我々は次の事実を思い出す必要がある。すなわち、生存競争の結果、その環境で栄えるのに最も適した組織の方法が広まる傾向がある。しかし環境に恩恵をもたらすのに最も適した組織の方法が広まる傾向は必ずしも存在しない。それらが

与えるあらゆる便益に対して直接間接に十分な報酬が与えられるのでない限り、そうである。そして実際にはそのような報酬は与えられない。なぜなら、通例、代替の原理——これは適者生存の法則を特殊な、そして限定されたかたちで適用したものである——によって、産業組織のある方法が直接すぐ使える用役をより安く提供できる場合には、それが別の方法に取って代わる傾向があるからである。」

　グローバル化した世界では、しばしば「底辺への競争」などと言われるように、企業は少しでも法人税の安い国に移動し、少しでも人件費の安い国で生産を行おうとするインセンティブをもちます。こうした動きはマーシャルのいう「代替の原理」を表していると考えられます。その是非はともかく、競争による淘汰を、マーシャルは生物学的に説明しています。

The earnings of a successful business, looked at from the point of view of the business man himself, are the aggregate of the earnings, firstly, of his own ability, secondly, of his plant and other material capital, and thirdly, of his good-will, or business organization and connection. But really it is more than the sum of these: for his efficiency depends partly on his being in that particular business; and if he were to sell it at a fair price, and then engage himself in another business, his income would probably be much diminished. The whole value of his business connection to him when working it is a notable instance of

Conjuncture or Opportunity *value*. It is mainly a product of ability and labour, though good fortune may have contributed to it. That part which is transferable, and may be bought by a private individual, or by a large amalgamation of firms, must be entered among their costs; and is in a sense a Conjuncture or Opportunity *cost*.

The point of view of the employer however does not include the whole gains of the business: for there is another part which attaches to his employees. Indeed, in some cases and for some purposes, nearly the whole income of a business may be regarded as a quasi-rent, that is an income determined for the time by the state of the market for its wares, with but little reference to the cost of preparing for their work the various things and persons engaged in it. In other words it is a *composite quasi-rent* divisible among the different persons in the business by bargaining, supplemented by custom and by notions of fairness – results which are brought about by causes, that bear some analogy to those that, in early forms of civilization, have put the producer's surplus from the land almost permanently into the hands not of single individuals, but of cultivating firms. Thus the head clerk in a business has an acquaintance with men and things, the use of which he could in some cases sell at a high price to rival firms. But in other cases it is of a kind to be of no value save to the business in which he already is; and his departure would perhaps injure it by several times the value of his salary, while probably he could not get half that salary elsewhere. (pp.625-626)

「成功した事業の稼得は、実業家自身の観点からすれば、第一に彼自身の才能、第二にその設備やその他の物的な資本、第三にそののれん、つまり事業組織と取引関係、これらの稼得の総計である。しかし実際にはそれらの合計以上のものである。なぜなら、彼が効果的な働きができるのは、一部には、彼がその特定の企業にいるということに依存しているからである。もし彼がその企業を適正な価格で売却し、別の企業で働くことになったとすると、彼の所得はおそらく大幅に減少するであろう。彼が会社を経営している際の取引関係が彼にとってもっている総価値は、結合価値あるいは機会価値の顕著な例である。それは幸運によるところもあるかもしれないが、主として才能と労働の産物である。そのうち譲渡可能で、個人や大規模な企業合併によって買収される部分は、費用に計上する必要がある。それはある意味、結合費用ないしは機会費用である。

　しかし雇主の視点からすれば、事業全体の利益を考えているわけではない。従業員に帰属する部分が別途存在するからである。実際、ある場合には、またある目的のためには、事業のほぼ全所得を準地代とみなしてもよい。すなわち、さしあたりその商品に対する市場の状態によって決まる所得とみなし、その仕事に関わる様々なものや人を準備する費用はほとんど無関係と考えるのである。換言すれば、それは、その

事業にたずさわる様々な人々のあいだに、慣習と公正の観念に考慮しながら、交渉によって分配される複合的準地代である。文明の初期の形態においては、土地から得られる生産者余剰はほとんど永続的に、単一の個人ではなく耕作集団の手にわたったが、これは、それを可能にした原因といくぶん類似した原因によってもたらされた結果である。ある企業の幹部職員は人やものごとに精通しており、場合によってはその知識をライバル企業に高値で売りつけることもできる。しかし他の場合には、その知識は彼が勤めている企業を除けば何の価値もないものである。後者の場合、彼が会社を去ると会社は彼の給料の何倍もの損失をこうむるであろうが、他方、彼もよそではおそらくいまの給料の半分も稼ぐことはできない。」

人材の価値について、マーシャルは、ある人がまさにその組織に所属していることによって実力を最大限発揮できるという側面を指摘しています。大きな組織のなかでエースとして活躍している人が、自分の力に自信をもって独立したら、肩書がなくなった途端に人が離れていった、というのはありがちな話です。

マーシャルは、企業家や労働者のもつ才能が、地代に類似した性格をもっていることに注目し、これを準地代と名付けました。さらに、**複合的準地代**という概念があり、これの捉え方については研究者のあいだでも議論がありますが、坂口正志氏は、この複合的準地代概念について、「その所得が複数の要素から生じるため、場合によっては帰属先を明確にできない準地代」と解釈し

ています（坂口正志「有機的成長における複合的準地代の役割」『マーシャルと同時代の経済学』所収、ミネルヴァ書房、1993年、233ページ）。

> The term the *standard of life* is here taken to mean the standard of activities adjusted to wants. Thus a rise in the standard of life implies an increase of intelligence and energy and self-respect; leading to more care and judgment in expenditure, and to an avoidance of food and drink that gratify the appetite but afford no strength, and of ways of living that are unwholesome physically and morally. A rise in the standard of life for the whole population will much increase the national dividend, and the share of it which accrues to each grade and to each trade. (p.689)

「ここで生活基準という言葉は、欲求に対応する諸活動の水準を意味するものとする。生活基準の上昇は、知性と精力と自尊心の向上を意味する。そして生活基準が向上すると支出においてより慎重な判断をするようになり、食欲を満たすだけで体力の増強にならない飲食を避け、肉体的にも精神的にも不健全な生活を避けるようになる。国民全体の生活基準が上昇すると国民分配分は大幅に上昇し、それぞれの階層、業種の分け前も増大するだろう。」

マーシャルの『原理』最後の章にあたる第6編第13章「進歩

と生活基準との関連 Progress in Relation to Standards of Life」からの引用です。この章は第5版以降追加されたものです。マーシャルは『原理』第2版以降、労働者の生活様式のあり方を描写する言葉として、**生活基準** standard of life と**安楽基準** standard of comfort という概念を区別して用いるようになりました。

このパラグラフは生活基準の定義を述べた箇所ですが、安楽基準については a term that may suggest a mere increase of artificial wants, among which perhaps the grosser wants may predominate（人工的な欲望の単なる増加を示唆する言葉であり、その欲望はおそらく粗野な欲望が大半を占めている）（p.690）と述べています。

マーシャルは社会が有機的成長を実現するためには労使双方の努力が必要だと考えましたが、企業には経済騎士道を、そして労働者の側には利那的な享楽に身をゆだねるのではなく、生活基準に基づく規律ある生活態度を求めました。

マーシャルの生活基準と安楽基準については近藤真司「生活基準の経済学」（橋本昭一編著『マーシャル経済学』所収、ミネルヴァ書房、1990年）に詳しく論じられています。

In the long run every branch of industry would prosper better, if each exerted itself more strenuously to set up several standards of efficiency for labour, with corresponding standards for wages; and were more quick to consent to some relaxation of a high standard of money wages when the crest of a wave of high prices, to which it was adapted, had passed away. Such adjustments are full of difficulty: but progress towards them might be hastened if there were a more general and clear appreciation of the fact that high wages, gained by means that hinder production in any branch of industry, necessarily increase unemployment in other branches. For, indeed, the only effective remedy for unemployment is a continuous adjustment of means to ends, in such way that credit can be based on the solid foundation of fairly accurate forecasts; and that reckless inflations of credit – the chief cause of all economic malaise — may be kept within narrower limits. (p.710)

　「長い目でみて、どの産業部門もさらに繁栄していくために必要なことは、各産業部門が労働の能率とそれに対応する賃金に関するいくつかの基準をしっかりと設け、物価の波の天井のときに設定された賃金は、物価が下がったときには多少引き下げることを速やかに認めることである。そのような賃金の調整は非常に困難なこともあるだろう。しかしそのような調整が進むためには、ある部門で生産を阻害するような手段によって得られた高賃金は、別の部門における失業を増大させるという事実がより広くよりはっきりと理解される必要がある。というのは、失業に対する唯一の有効な対策は、信用がかなり正確な予測というしっかりした根拠に基づいており、向こう見ずな信用の膨張——これこそがあらゆる経済的停滞の主な原因である——を狭い範囲内に抑えられるよう、目的に対して手段を絶えず調整していくことだからである。」

冒頭の長い文章は、構文通りに解釈するなら「BならばAであろう」という構造ですが、Bの部分が長いので、「Aに必要なのはB」と読み替えて前から訳しています。

マーシャルは1887年にL.L. プライスの『産業平和』という本の序文に寄せた「公正な賃金」という論説のなかで、賃金のあるべき姿について論じています。そこでは、企業はインフレ時には名目賃金を引き上げること、労働者はデフレ時には名目賃金の引き下げを受け入れることを提案しています。ここでの主張も、それと変わりません。一見、賃金カットを提案しているように見えますが、マーシャルの主張は、景気の波に対してはできるだけ実質賃金を安定的に保つということであって、「古典派の公準」が示唆するような、失業の唯一の解決策が実質賃金の切下げだという主張ではありません。

なお、マーシャルが『原理』のなかで失業 unemployment について論じているのはここだけで、その処方箋にはいささか物足りなさを感じざるを得ません。ただ、失業問題は後続の巻で扱われるべきテーマで、マーシャル自身はそれを果たせませんでしたが、その仕事は優秀な弟子たちの手に委ねられることになりました。

Mill well observed that "What constitutes the means of payment for commodities is simply commodities. Each person's means of paying for the productions of other people consist of those which he himself possesses. All sellers are inevitably, and by the meaning of the word, buyers. Could we suddenly double the productive powers of the country, we should double the supply of commodities in every market; but we should, by the same stroke, double the purchasing power. Everybody would bring a double demand as well as supply; everybody would be able to buy twice as much, because everyone would have twice as much to offer in exchange."

But though men have the power to purchase they may not choose to use it. For when confidence has been shaken by failures, capital cannot be got to start new companies or extend old ones. Projects for new railways meet with no favour, ships lie idle, and there are no orders for new ships. There is scarcely any demand for the work of navvies, and not much for the work of the building and the engine-making trades. In short there is but little occupation in any of the trades which make fixed capital. Those whose skill and capital is specialized in these trades are earning little, and therefore buying little of the produce of other trades. Other trades, finding a poor market for their goods, produce less; they earn less, and therefore they buy less: the diminution of the demand for their wares makes them demand less of other trades. Thus commercial disorganization spreads: the disorganization of one trade throws others out of gear, and they react on it and increase its disorganization.

The chief cause of the evil is a want of confidence. The greater part of it could be removed almost in an instant if confidence could return, touch all industries with her magic wand, and make them continue their production and their demand for the wares of others. If all trades which make goods for direct consumption agreed to work on, and to buy each other's goods as in ordinary times, they would supply one another with the means of earning a moderate rate of profits and of wages. The trades which make fixed capital might have to wait a little longer: but they too would get employment when confidence had revived so far that those who had capital to invest had made up their minds how to invest it. Confidence by growing would cause itself to grow; credit would give increased means of purchase, and thus prices would recover. Those in trade already would make good profits, new companies would be started, old business would be extended; and soon there would be a good demand even for the work of those who make fixed capital. There is of course no formal agreement between the different trades to begin again to work full time, and so make a market for each other's wares. But the revival of industry comes about through the gradual and often simultaneous growth of confidence among many various trades; it begins as soon as traders think that prices will not continue to fall: and with a revival of industry prices rise. (pp.710-711)

「ミルの以下の考察は適切である。すなわち、「商品に対する支払手段となるのはあくまで商品である。各人が他の人の生産物に対して支払う手段は、彼自身が所持している生産物である。すべての売り手は必然的に、また言葉のもつ意味か

らしても、同時に買い手でもある。一国の生産力を突然二倍に増やすことができれば、あらゆる市場において商品の供給も二倍になる。しかし同時に購買力も二倍になるだろう。誰もが供給だけでなく需要も二倍に増やす。誰もが交換に提供できるものを二倍もつようになるので、購入も二倍に増やすことができる。」

　しかし、人は購買力をもっていても、使おうとしないかもしれない。というのも、失敗によって確信が揺らいでいるときには、新しい会社を始めたり古い会社を拡張したりするために資本を獲得することができないからである。新しい鉄道の建設計画は敬遠され、船舶は遊休し、新規の造船の注文もない。土方の仕事もほとんど需要がなく、建築業や機械製造業でも似たり寄ったりである。要するに、固定資本をつくるような業種はどれも、わずかしか仕事がない。これらの業種に特化した技能や資本の持ち主はわずかしか稼げず、それゆえ他の業種の生産物を少ししか買わない。他の業種も、生産物が売れないので生産を減らし、稼ぎが減り、それゆえ購入も減らす。彼らの製品に対する需要の縮小は、他の業種の需要をも減らしてしまう。こうして商業上の崩壊が広がっていく。ある業種の不況は他の業種の調子も狂わせ、それがまた自分のところにもはね返ってきて、不況は深刻さを増していく。

　こうした不況の主な原因は確信の欠如である。確信が回復すれば、不況の大半はすぐにでも解消される。確信という魔法の杖ですべての産業に触れ、生産を継続させ、他産業の製

品に対する需要を継続させることで、不況は解消される。直接消費される財を生産しているすべての産業が平時と同じように操業を続け、互いの財を購入することに合意すれば、適度な率の利潤と賃金を稼ぐ手段を相互に提供し合うことになるだろう。固定資本を生産する産業はもう少し長く待たなければならないかもしれない。しかし彼らも、投資すべき資本をもった人々がどのように投資するか決心するところまで確信が回復してくると、仕事が得られるだろう。確信は、成長することによってさらに強まる。信用は購買手段を増大させ、物価は回復するであろう。すでに操業している会社は十分な利益を獲得し、新しい会社が設立され、古い会社は拡張される。やがて固定資本を生産する人々の仕事にも大きな需要が発生するであろう。もちろん、様々な業種のあいだで、完全操業を再開し、互いの製品の市場を形成しようという正式な合意があるわけではない。しかし産業活動の回復がもたらされるのは、多くの業種において確信が徐々に、そしてしばしば時を同じくして成長することによってである。業者たちが物価の下落はこれ以上続かないと考えるようになるや否や回復が始まり、産業の回復につれて物価は上昇する。」

　マーシャルの景気循環論に関する記述で、『産業経済学』(1879年) 第 3 編第 1 章から採録された文章です。通俗的な解釈では、「古典派」は「供給はそれ自らの需要をつくりだす」という**セー法則**を仮定しており、需要不足の可能性など想定していなかったことになっています。しかし実際には、ミルもマーシャルも、将

来に対する確信が揺らいでいるときには、人々はお金を使わない可能性があることを指摘しています。

　確信とは、将来に対する事業上の見通しのことで、これが企業の投資意欲を左右します。利益が得られる見込みがなければ投資はしないというのは常識的な指摘のようではありますが、本質をついたものです。『一般理論』におけるケインズの「資本の限界効率」にもとづく投資判断の議論は、投資が生み出す将来のキャッシュフローの割引現在価値の予想というかたちで洗練されたものになっていますが、将来の予想が現在の行動を決めるという本質は、ここでのマーシャルの議論とそう大きく異なるものではありません。

But this cautious attitude does not imply acquiescence in the present inequalities of wealth. The drift of economic science during many generations has been with increasing force towards the belief that there is no real necessity, and therefore no moral justification for extreme poverty side by side with great wealth. The inequalities of wealth though less than they are often represented to be, are a serious flaw in our economic organization. Any diminution of them which can be attained by means that would not sap the springs of free initiative and strength of character, and would not therefore materially check the growth of the national dividend, would seem to be a clear social gain. Though arithmetic warns us that it is impossible to raise all earnings beyond the level already reached by specially

well-to-do artisan families, it is certainly desirable that those
who are below that level should be raised, even at the expense of
lowering in some degree those who are above it. (pp.713-714)

「しかし、このような慎重な態度は、現在の富の不平等を黙
認することを意味するものではない。何世代にもわたる経済
学の動向は、次のような信念をますます強化してきた。すな
わち、大きな富と極端な貧困とが併存している本当の必然性
はなく、したがってそれを道徳的に正当化する理由もない、
という信念である。富の不平等は、しばしば指摘されている
ほど大きなものではないにしても、我々の経済組織の重大な
欠陥である。不平等の減少が、自由な創意と性格の力強さの
源泉を枯渇させないような方法で達成できるならば、それゆ
え、国民分配分の成長を著しく阻害しないような方法で達成
できるならば、それは明らかに社会的な利益であろう。少し
計算すればわかるように、すべての人の稼得を、特に裕福な
熟練工一家の稼いでいる水準よりも引き上げることはできな
い。しかしそうした水準以下の人々の所得が引き上げられる
ことは、たとえ水準を超える人々の稼ぎをある程度下げるこ
とになったとしても、確かに望ましいことである。」

Any diminution of them（不平等の減少）以下の文章では、ま
さにこの部分が文章の主語にあたります。which 以下、national
dividend まで長い修飾表現がこの主語にかかっています。後ろ
から返って「自由な創意と性格の力強さの源泉を枯渇させないよう

な方法で達成される、そしてそれゆえ国民分配分の成長を著しく阻害しないような方法で達成される不平等の減少は」と訳すのでは、あまりにも頭が重いので、試訳では前から順に訳しました。Though arithmetic 以下は、直訳すると「算術は我々に that 以下のことを警告している」、その that 以下も、「特に裕福な熟練工一家によって既に到達された水準を超えてすべての者の稼得を引き上げることは不可能である」となりますが、これで一応意味はわかるものの、もう少し表現を工夫したいところです。

マーシャルは、行き過ぎた格差の是正を必要としつつも、他方で、経済成長やイノベーションを著しく阻害するようなやり方での再分配には反対しています。

この文章の前に付された注で、マーシャルは数年前の連合王国4900万人の総所得を20億ポンド超と見積もっており、平均でみると一人当たり約40ポンドとしています。これに対し、熟練労働者のなかには年間200ポンド稼いでいる者も多く、平均年収の5倍に相当するため、皆がこの水準まで引き上げられることは計算上、あり得ないというわけです。

And, though it is true that a shortening of the hours of labour would in many cases lessen the national dividend and lower wages: yet it would probably be well that most people should work rather less; provided that the consequent loss of material income could be met exclusively by the abandonment by all classes of the least worthy methods of consumption; and that they could learn to spend leisure well.

But unfortunately human nature improves slowly, and in nothing more slowly than in the hard task of learning to use leisure well. In every age, in every nation, and in every rank of society, those who have known how to work well, have been far more numerous than those who have known how to use leisure well. But on the other hand it is only through freedom to use leisure as they will, that people can learn to use leisure well: and no class of manual workers, who are devoid of leisure, can have much self-respect and become full citizens. Some time free from the fatigue of work that tires without educating, is a necessary condition of a high standard of life.

In this, as in all similar cases, it is the young whose faculties and activities are of the highest importance both to the moralist and the economist. The most imperative duty of this generation is to provide for the young such opportunities as will both develop their higher nature, and make them efficient producers. And an essential condition to this end is long-continued freedom from mechanical toil; together with abundant leisure for school and for such kinds of play as strengthen and develop the character. (p.720)

「労働時間を短縮すると多くの場合、国民分配分を減少させ、賃金を低下させることは事実である。しかし、それによる所得の低下が、どの階層の人々も最も価値の低い消費の仕方をやめることで埋め合わされ、余暇を上手に過ごすことを学ぶ

なら、多くの人々の労働時間が減ることはおそらくよいことである。

　しかし残念ながら、人間性は徐々にしか改善できない。とりわけ、余暇を上手に過ごすことを学ぶという難しい仕事は、時間がかかるものである。どんな時代、どんな国、どんな社会階層でも、いかに上手に働くかを知っている人に比べて、いかに上手に余暇を過ごすかを知っている人はずっと少なかった。しかし他方で、余暇を好きなように過ごせる自由があってはじめて、人は余暇の上手な過ごし方を学べるのである。余暇のない肉体労働者階級は、十分な自尊心をもてず、本当の意味での市民になることができない。疲れるだけで教育効果をもたない仕事から解放された時間がいくらかあることは、高い生活基準のための必要条件である。

　この場合も、他の類似した場合と同じように、最も重要なのは、若者の才能と活動である。これは倫理学者にとっても経済学者にとってもそうである。いまの世代がぜひとも果たすべき義務は、若者に、その高潔な資質を伸ばし有能な生産者になれるような機会を提供することである。そのために不可欠な条件は、機械的な労苦から解放された自由時間を長く確保することであり、学校へ通い人格向上に役立つ遊びをするための十分な余暇を確保することである。」

In every age 以下の文章は、素直に読めば「いかに上手に働くかを知っている人々」と「いかに上手に余暇を過ごすかを知っている人々」を比較して、前者の数の方がずっと多かった、という

内容なのですが、ここでマーシャルが本当に言いたいことは、余暇を上手に過ごすのがいかに難しいかということなので、試訳ではそのニュアンスを汲んで、後者が少ない、という趣旨に意訳しました。

full citizen はそのまま訳すと「完全な市民」ですが、完全な市民とはどんな市民でしょうか。辞書をみると、full には「正式な」といった意味もあります。もちろん、余暇があろうとなかろうと、形式上・法律上は市民であることに変わりはないのですが、実質的にはそうでない、というニュアンスを踏まえて、試訳では「本当の意味での市民」としてみました。

マーシャルは、余暇を有意義に過ごすことの重要性と必要性を説いています。これは今日**ワークライフバランス**と呼ばれているものに通じるところがあるかもしれません。

Now, as always, noble and eager schemers for the re-organization of society have painted beautiful pictures of life, as it might be under institutions which their imagination constructs easily. But it is an irresponsible imagination, in that it proceeds on the suppressed assumption that human nature will, under the new institutions, quickly undergo changes such as cannot reasonably be expected in the course of a century, even under favourable conditions. If human nature could be thus ideally transformed, economic chivalry would dominate life even under existing institutions of private property. And private property, the necessity for which doubtless reaches no deeper than the qualities of human nature, would become harmless at the same time that it became unnecessary.

There is then need to guard against the temptation to overstate the economic evils of our own age, and to ignore the existence of similar and worse evils in earlier ages; even though some exaggeration may for the time stimulate others, as well as ourselves, to a more intense resolve that the present evils shall no longer be allowed to exist. But it is not less wrong, and generally it is much more foolish, to palter with truth for a good than for a selfish cause. And the pessimist descriptions of our own age, combined with romantic exaggerations of the happiness of past ages, must tend to the setting aside of methods of progress, the work of which if slow is yet solid; and to the hasty adoption of others of greater promise, but which resemble the potent medicines of a charlatan, and while quickly effecting a little good, sow the seeds of widespread and lasting decay. This impatient insincerity is an evil only less great than that moral torpor which can endure that we, with our modern resources and knowledge, should look on contentedly at the continued destruction of all that is worth having in multitudes of human lives, and solace ourselves with the reflection that anyhow the evils of our own age are less than those of the past.

And now we must conclude this part of our study. We have reached very few practical conclusions; because it is generally necessary to look at the whole of the economic, to say nothing of the moral and other aspects of a practical problem before attempting to deal with it at all: and in real life nearly every economic issue depends, more or less directly, on some complex actions and reactions of credit, of foreign trade, and of modern developments of combination and monopoly. But the ground which we have traversed in Books V. and VI. is, in some respects, the most difficult of the whole province of economics; and it commands, and gives access to, the remainder. (pp.721-722)

「いつの時代もそうであったが、今日においても、社会を改革しようと壮大で熱心な計画を立てる人は、生活についての美しい絵を描いてみせるものである。まるで彼らの空想で構築される制度のもとでは、それがたやすく実現するといわんばかりに。しかしそれは無責任な空想である。というのも、新しい制度のもとでは人間性が速やかに変化するだろうという隠された仮定を置いているからである。そのような変化は、有利な条件があっても、一世紀かかってもこれまで期待できなかったものである。もし人間性がそのように理想的に変えられるものなら、現行の私有財産制のもとでも経済騎士道が生活を支配するほどに広がっているであろう。私有財産の必要性は、おそらく人間性の性質ほど奥深いものではなく、その場合、私有財産は不必要であるばかりか、無害だということになるだろう。

　現代の経済的害悪を誇張し、過去にも類似した、もっとひ

どい害悪があったことを無視したくなる誘惑があるが、このような誘惑には警戒する必要がある。多少の誇張は、我々だけでなく他の人々をも刺激して、現存する害悪をこれ以上存続させてはならないと強く決意させることになるかもしれないとしても、である。利己的な目的ではなくよい目的のためであったとしても、真実をごまかすことは、誤りであるという点では同じであるし、たいていはより愚かなことである。現代についての悲観的な叙述に、過去の時代の幸福の非現実的な誇張が結びつくと、ゆっくりではあっても堅実な進歩の方法は退けられてしまう。そしてきわめて有望に見えるが、ペテン師の強力な薬のように、多少の効果はすぐに現れるものの、広範で長く続く衰退の種を蒔くような方法を軽率にも選んでしまいがちである。このような性急な不誠実はきわめて大きな害悪であり、これよりひどいものがあるとすれば、次のような無気力のみである。すなわち、現代のように多くの資源と知識をもちながら、人間生活の多くの面でもつに値する大切なものが次々に破壊されていくのを甘んじて傍観し、昔はもっとひどかったと自ら慰めるような無気力である。

　さて、ここで我々の研究のこの部分を終えなければならない。我々が実際上の問題についてたどり着いた結論はごくわずかである。というのも、実際上の問題を扱うには一般に、道徳的側面やその他の側面はさておき、経済的側面についてその全体に目を向ける必要があるからである。そして現実生活におけるほとんどすべての経済問題は、直接間接の差はあ

れ、信用、外国貿易、そして結合と独占の現代における発展、
これらの複雑な作用と反作用によって決まっているからである。とはいえ、我々が第5編と第6編で詳しく検討してきた領域は、ある意味では経済学の全領域のなかでも最も困難な領域であり、ここから残された領域にも意のままに接近できるであろう。」

いよいよ『原理』本文で最後の文章になりました。少し長めにとりましたが、熟読する価値のある文章です。人間、歳を取ると「昔はよかった」と過去を美化して礼讃し、現在を否定的にみる人が増えるものですが、マーシャルはそうではありませんでした。

最後のパラグラフの because it is generally necessary 以下では、economic が aspects にかかっています。a practical problem とあるように、実際問題は1つですが、それには様々な側面があって、economic や moral や other な側面があることから aspects が複数形になっています。and in real life 以下も、第1巻という位置づけであるこの『原理』で、実践的な結論にたどり着けなかった理由の説明の続きになっています。

最後の部分で the remainder は、この本で扱えなかった経済学の残りの領域のことです。それを commands というのは訳しにくいところですが、支配する、意のままにする、見渡す、といったニュアンスを汲み、次の gives access to（接近できる）とあわせて表現を工夫したいところです。

結果的には、この『原理』はマーシャルの主著として1冊で自己完結した古典のような扱いになりましたが、マーシャルか

らすれば、「次巻へ続く」という意味での中締めの言葉でした。『原理』第2巻という形で刊行されることはありませんでしたが、晩年の1919年に刊行された『産業と商業』は、事実上の続編といえるでしょう。興味深いのは、マーシャルがたびたび表明していた方法論の通り、『産業と商業』では「力学的類推」に基づく理論モデルはほとんど登場しないところです。このようなスタイルは継承が難しく、弟子たちも頭を悩ませたかもしれません。マーシャルの意図とは裏腹に、後世に引き継がれ、評価されるようになったのは「力学的類推」に基づく議論でした。そんななか、ケインズは『一般理論』における「反逆」の後でもなお、マーシャルの精神をよく受け継いでいたように思います。

# あとがき

　根井雅弘先生と初めてお話したのは 1997 年のことでした。当時、私は京都大学経済学部の 2 回生で、「経済英語」という外書講読のような授業を受講していました。教材は、ジョーン・ロビンソンやニコラス・カルドアといったポスト・ケインズ派の論文だったように記憶しています。根井先生は英語の論文を片手に、まるで訳書でも読み上げるかのように、難しい英文をすらすらと即興で流暢な日本語に転換していました。大学教授とはこのような名人芸のようなことができるのかと驚いたことを今でも覚えています。この経済英語の授業をきっかけに、根井研究室に質問に訪れると、先生は私のことを覚えていてくださり、いろいろな話をしていただきました。思えばこれが学問の奥深さを知り、研究の道を志す転機だったかもしれません。ありがたいことに、先生にはそれ以来、20 年以上にわたってお世話になっています。

　2019 年 2 月に最愛の妻を病で亡くし、失意の底にあった私を一番心配して気遣ってくださったのも根井先生でした。しばらく何も手につかず、ぼんやりとした日々を送っていましたが、夏に久々にお会いした際、もし仕事をすることで少しでも気が

晴れるなら、とこの企画を紹介していただきました。この『英語原典で読む』シリーズは白水社の編集の竹園公一朗氏が数年前から温めていたアイデアで、根井先生と二人で立ち上げられたものですが、こうして英語関係の企画に携わることになったのには不思議な縁を感じます。竹園さんにもとても親切にしていただきました。

　2014年にミネルヴァ書房からマーシャルの論文集の翻訳書を上梓しましたが、幸いなことに、訳文が読みやすい、わかりやすい、と好意的な感想を多数いただきました。私の力不足で至らないところもあるかもしれませんが、本書がきっかけとなって、経済学の文献を原書で読んでみようという気になる読者が一人でも増えてくれれば幸いです。

2020 年 12 月

伊藤宣広

伊藤宣広（いとう・のぶひろ）
1977年生まれ。京都大学経済学部卒業。京都大学大学院経済学研究科博士後期課程修了。博士（経済学）。現在、高崎経済大学経済学部教授。専門は現代経済思想史。主な著書に『現代経済学の誕生』（中公新書）、『ケンブリッジ学派のマクロ経済分析』（ミネルヴァ書房）、『投機は経済を安定させるのか？』（現代書館）がある。

英語原典で読むマーシャル
『経済学原理』の世界

2021年7月15日　印刷
2021年8月10日　発行

著　者 ©　　伊　藤　宣　広
発行者　　　及　川　直　志
印　刷　　　株式会社三陽社
製　本　　　誠製本株式会社

発行所

101-0052東京都千代田区神田小川町3の24
電話 03-3291-7811（営業部）, 7821（編集部）　　株式会社白水社
www.hakusuisha.co.jp
乱丁・落丁本は、送料小社負担にてお取り替えいたします。

振替 00190-5-33228　　　　　Printed in Japan

ISBN978-4-560-09851-6

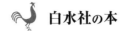 **白水社の本**

# 英語原典で読む経済学史

根井雅弘

根井ゼミへようこそ！　アダム・スミスからケインズまで、英語原典に直に触れながら経済学の歴史を学ぶ、はじめての経済学史講義！

# 英語原典で読む現代経済学

根井雅弘

E・H・カー、ハイエクからフリードマン、ガルブレイスまで、英語原典に直に触れながら経済学を学ぶ、人気講義の第二弾！

# 英語原典で読むシュンペーター

根井雅弘

英雄的な企業家によるイノベーションから資本主義の崩壊過程まで、20世紀が生んだ天才経済学者の英語原典を味わう。人気講義第三弾！